EDUA

VILLA WANDA

La historia pasa por aquí

FOLLETÍN

AUTSAIDER DIVISIÓN SESUDA

ENTRE SIN LLAMAR

Volumen 1
MMXIX

VILLA WANDA

«Déjenme que me presente. Mi nombre es Licio Gelli, a sus órdenes. O mejor dicho, ustedes a las mías. Nací en Pistoia, un pueblecito de la Toscana, en 1919. Desde muy joven me interesó la política y en 1936, mentí

sobre mi edad para poder alistarme en las tropas que el Duce envió a España para luchar junto al generalísimo Franco».

Licio, ese hombre

Licio Gelli posa como corresponde a todo hombre modelo: de frente y de perfil.

«Durante la II Guerra Mundial continué mi lucha en pro del fascismo y colaboré con los nazis. Fui capturado por los partisanos y estuve a punto de ser fusilado. En el último momento, un jefe comunista intercedió por mí.

»A raíz de ese hecho, muchos insinuaron que era un fascista que compadreaba con los comunistas, un comunista que compadreaba con los fascistas o que era un amoral interesado únicamente en mi propio beneficio. Lo único que sé es que debía salvarme porque el Gran Arquitecto tenía destinadas para mí más altas ocupaciones.

»Esto me recuerda algo que sucedió en 1979. Un infeliz llamado Carmine *Mino* Pecorelli publicó en la revista *Osservatorio Politico* un artículo en el que insinuaba que un antiguo fascista, cuyo nombre respondía a las iniciales L.G., había traicionado a sus camaradas para evitar ser fusilado por los partisanos...

»Ese artículo vio la luz en febrero del 79. En marzo, ese deficiente de Pecorelli publicó otro artículo sobre ese antiguo fascista que por entonces ya se había convertido en un hombre respetable y de éxito. En él afirmaba que ese tal L.G. estaba implicado en asuntos turbios que salpicaban a altas personalidades del Estado.

»Ese segundo artículo apareció en OP el 20 de marzo con tan mala suerte que, horas después de la publicación, Pecorelli falleció. No soy médico, vaya eso por delante, pero estoy convencido de que alguna relación había entre la muerte y los cinco orificios de bala que encontraron en su cuerpo.

»Bueno, a lo que vamos. Cuando acabó la guerra, después de ayudar a unos cuantos nazis croatas a poner a salvo sus fortunas casi de forma desinteresada, me trasladé a Roma. En la Ciudad Eterna fue donde me convertí en un hombre respetable y de éxito. Aunque nunca tuve estudios, jamás fui tonto y, si bien mi única experiencia laboral había sido en una panadería, decidí abrir mis propios negocios: una fábrica de colchones llamada Permaflex y otra de confección de ropa.

»En Roma comencé a tener contacto con políticos de la Democracia Cristiana y, como lo de los colchones y la ropa no me ocupaba mucho tiempo, en 1963 me afilié a una logia masónica: la *Gian Domenico Romagnosi*. Pronto pasé a la Gran Logia de Oriente y, gracias a mi carácter emprendedor y obsecuencia, en un tiempo récord, pasé de aprendiz a tercer grado de maestro. Para los que no estén familiarizados con la masonería, es como entrar de botones en un banco y, al poco tiempo, presidirlo.

«Pues sí, señorita, como se lo cuento. Me he hecho rico con los colchones. ¿Usándolos? No, mujer, vendiéndolos».

»Pronto me di cuenta de que eso de tener una logia abierta a todo el mundo no tenía sentido. ¿Por qué las autoridades, los periodistas o la ciudadanía en general debían saber quiénes éramos o no iniciados? Por tanto, solicité que me permitieran organizar una logia encubierta en la que solo tuvieran cabida altas personalidades de la sociedad italiana e internacional con probados sentimientos anticomunistas. Para su tranquilidad y la mía, nadie ajeno a la logia podría saber quiénes eran.

»Dicho y hecho. Reactivé la P2, una logia que databa de 1800 y que en italiano suena infinitamente mejor que en español porque se dice *pi-due*. Seleccionaba a los candidatos después de entrevistarlos en el Excelsior Hotel de Via Veneto en Roma, en un apartamento con dos puertas, para que los visitantes no pudieran encontrarse entre sí.

»Por allí también pasaban hermanos que me contaban sus problemas con intención de que se los solucionase, cosa que hacía recurriendo a otros hermanos. De esas mediaciones obtenía ciertos beneficios e información, mucha información que, antes o después, sabía que acabaría siéndome útil.

«Pues sí, este es el saludo de los miembros de mi logia, efectivamente. ¿Cómo que me lo estoy inventando? ¿Qué insinúa?».

»Esto me recuerda una anécdota que contaba Vanni Nisticò, periodista vinculado durante una época al departamento de prensa del Partido Socialista. Según él, una vez yo le había enseñado unas fotos del papa Juan Pablo II desnudo al borde de su piscina. "Vea usted", recordaba que le dije, "el problema son los servicios secretos. Si es posible fotografiar al papa así, imagínese qué fácil sería pegarle un tiro". Si soy sincero, no me acuerdo de la anécdota, pero será verdad.

»Lo que sí es seguro es que el papa no es el único al que, cómo decirlo, "he visto desnudo". He sido amigo y paño de lágrimas de muchos grandes hombres. Ayudé a Juan Domingo Perón a regresar a la Argentina y viajé con él en el vuelo de Alitalia que le llevó al país en 1972. También estuve invitado a su toma de posesión en Buenos Aires en 1973. Estaba tan agradecido que me condecoró con la Orden del Libertador, la máxima distinción del país.

»Sobre mi relación con Perón, el maledicente de Giulio Andreotti llegaría a afirmar que el General me tenía un respeto reverencial de tal magnitud, que vio cómo "se arrodillaba ante mí".

Bueno, si él lo dice. Es imposible que me acuerde de todo. Lo de ser tan servil le pegaba más a José López Rega, miembro de la Propaganda 2 y con el que siempre me llevé bien, a pesar de sus locuras esotéricas y sus teorías sobre que África, Asia y América Latina serían potencias mundiales en el siglo XXI, vaya ojo tenía. Así era con todo.

«En Villa Wanda lo tengo todo. No necesito salir de ella para nada. Tampoco puedo, todo sea dicho. Aunque, ¿quién puede vigilar a una persona 24 horas al día?».

»Si no me falla la memoria, además de López Rega, en Argentina teníamos más de un hermano. Massera también lo era y era masón Suárez Mason. Me encantan los juegos de palabras y las bromas, aunque muchos piensen que no. Volviendo al tema, me llevaba tan bien con los argentinos, que fui designado agregado económico de la Embajada Argentina en Roma desde 1974 y hasta bien entrada la dictadura de 1976. Entre otras facilidades para el desempeño ese cargo, disponía de pasaporte diplomático.

»En 1981, mientras investigaban un problemita con el Banco Ambrosiano, presidido por Roberto Calvi y en el que estaban implicados desde su amigo el mafioso Michele Sindona hasta el Vaticano, la policía judicial registró mi despacho. Allí encontró la lista con los miembros de la P2. En ella estaba la crema de la sociedad italiana. Lo llamaron *il sottopotere*, el poder subterráneo y, qué quieren que les diga, modestia aparte, era verdad.

»Toda Italia estaba, de una u otra forma, relacionada conmigo. En esa lista había, por ejemplo, 44 parlamentarios, 18 magistrados, 49 banqueros, 27 periodistas y 120 empresarios. Entre estos últimos, el dueño de la editorial Rizzoli, propietaria de *Corriere della Sera* y un joven muchacho que ya prometía mucho: Silvio Berlusconi.

»Lo dije ya una vez en una entrevista para *La Repubblica* y lo repito aquí: Berlusconi es un hombre extraordinario, un hombre de acción. Esto es lo que Italia necesita. No un hombre de palabras sino un hombre de acción y la acción ahora se puede desarrollar de mil maneras. No hace falta iniciar guerras, poner bombas o matar banqueros. Hoy, con un buen grupo mediático internacional todo es más sencillo e imperceptible, pero igual de eficaz.

»Mis últimos años los pasé en prisión, sí. Pero no fue porque no intentase evitarlo. En 1983, mientras estaba encarcelado en una prisión suiza esperando a ser extraditado a Italia, me escapé. Pero sin túnel ni nada. Por la puerta, que tampoco estaba yo para muchos trotes. Me agarraron, sí, y me condenaron a arresto domiciliario aquí, en Villa Wanda. No niego que hubiera preferido estar libre, pero tampoco nos engañemos: esto no es Alcatraz, así que salgo cuando lo deseo. Solo hay que tener un poco de cuidado y no llamar la atención.

«Míreme a los ojos y dígame qué ve en ellos. ¿Un asesino despiadado o un anciano venerable? Piénselo bien. Es un consejo de amigo».

»Más o menos, esta es mi vida. Podríamos resumirla en una frase que no me cansé de repetir: "Soy fascista y moriré fascista". Así fue. El 15 de diciembre de 2015 fallecí aquí, en Villa Wanda. Los medios de comunicación tampoco se hicieron demasiado eco y eso que hablar de mí es hablar de la historia reciente de Italia, de Europa, del mundo.

»Durante mi encierro en Suiza tuve tiempo de escribir mis recuerdos: *La mia verità*. Si os aburre leer, no os preocupéis. Antes de morir, vendí los derechos para que hicieran un filme. En ella contarán que, gracias a esas memorias y a otros libros, estuve nominado al Premio Nobel de Literatura. Bah, una tontería sin importancia. Cualquiera puede estar nominado. No hay más que cursar la solicitud para que la estudie la Academia Sueca. Otra cosa es que te lo den y, para qué vamos a engañarnos, si no me lo concedieron es porque tampoco me apetecía tanto tenerlo, ya me entendéis».

Propaganda Dos

Lo mejor de cada casa

La logia Propaganda Dos es uno de los asuntos más oscuros y complejos de la historia italiana reciente.

Habitualmente se ha calificado a la Propaganda Dos (*Propaganda Due*) como un Estado dentro del Estado, pero la P2 era mucho más.

Licio Gelli, su honorable maestro desde que en 1975 le arrebatase el control de la logia al gran maestro Salvini, supo rodearse de lo mejor de cada casa para controlar los partidos políticos, las instituciones financieras, las principales empresas del país, los servicios secretos, el ejército, la policía, la prensa, el Vaticano...

Resulta imposible enumerar todos los asuntos turbios en los que estuvo implicada la Propaganda Dos o sus miembros porque tocaron prácticamente todos los palos. Ninguno bueno.

¿Golpes de Estado? Sí. ¿Asesinatos? También. ¿Estafas? Claro. ¿Secuestros? Sí. ¿Relaciones con la CIA? *Yes*. ¿Financiación ilegal de partidos políticos? Efectivamente. ¿De cualquier ideología? De cualquiera. ¿Incluidos los de izquierdas? Que sí. ¿Evasión fiscal? Sí. ¿Atentados terroristas? Sí. ¿Campañas de difamación? Cómo no. ¿Chantajes? También. ¿Tráfico de drogas? Algo había. ¿Control de medios de comunicación? Sí. ¿Sobornos? Claro. ¿También los jueces? También. ¿Extorsión? Sip. ¿Vínculos con la Mafia? Ajá. ¿Y con la Camorra? También. ¿Injerencia en la política italiana? Y en la de otros países. ¿El asesinato de un papa? Por qué no. ¿El intento de asesinato de otro? Posiblemente. ¿La red Gladio? Sí. ¿Tráfico de armas? Todo eso y mucho más.

Existe abundante bibliografía sobre la Propaganda Dos. Tanta, que sería tontería y soberbia intentar explicar aquí la dimensión de una organización que pervirtió los principios filosóficos, filantrópicos y progresistas de la Francmasonería y utilizó sus rituales, sus símbolos y sus saberes herméticos para establecer una organización criminal de alcance internacional.

Para hacerse una idea sencilla de la importancia de la Propaganda Dos, quizá sea mejor recurrir a una fuente más prosaica. En *Jaimito, médico del seguro* (*Pierino medico della SAUB*), película rodada en 1981, unos meses después de que se hiciera pública la lista de los miembros de la Propaganda Dos –en la que constaban los nombres de novecientas personas vinculadas a las más altas instituciones del Estado y la sociedad tanto italiana como internacional–, hay una escena muy significativa de todo esto.

Por el despacho de un alto cargo de un centro hospitalario van desfilando los diferentes candidatos para cubrir una vacante. Además de por su experiencia y preparación, el encargado les pregunta por sus referencias, a lo que los candidatos responden entregándole diferentes cartas de recomendación. Las hay que proceden del Congreso de los Diputados, del Consejo de Ministros, del Estado Vaticano, de la Virgen Santísima... Todas las cartas se van acumulando en una gran pila sin que el entrevistador les preste ninguna atención. Cuando entra Jaimito, interpretado por Alvaro Vitali, le entrega una carta firmada por la logia P2. El médico no lo duda lo más mínimo. El puesto es para él.

A pesar de lo poco académico del ejemplo, lo que queda claro es que, en la Italia de los 70 y los 80, la Propaganda Dos podía solucionar cualquier problema de uno de sus miembros. Solo era necesario no ser demasiado escrupuloso por el método empleado para ello y ser consciente de que, en algún momento, sería necesario devolver el favor sin hacer preguntas. Salvo que uno quisiera que le hicieran un *calvi*, claro.

Algunos de los novecientos miembros de la Propaganda Dos. Gente de bien, siempre dispuesta a ayudar y echar una mano. ***1.- Giovanni Torrisi:*** Jefe del Estado Mayor de la Marina Militar y jefe del Estado Mayor de la Defensa. ***2.- Pietro Musumeci:*** Miembro del servicio secreto italiano y general del Servicio para la Información y la Seguridad Militar (SISMI). ***3.- Umberto Ortolani:*** Mano derecha y hombre de confianza de Licio Gelli. ***4.- Licio Gelli:*** Maestro venerable de la logia Propaganda Dos. ***5.- Angelo Rizzoli:*** Empresario. Propietario del grupo mediático Rizzoli y del diario *Corriere della Sera*. ***6.- Silvio Berlusconi:*** Político y empresario. ***7.- Vito Miceli:*** General y director del Servicio de Informaciones de la Defensa (SID). ***8.- Michele Sindona:*** Banquero y sus labores. ***9.- Giampiero Orsello:*** Abogado y vicepresidente de la RAI. ***10.- Duilio Poggiolini:*** Director general del Servicio Farmacéutico Nacional de Ministerio de Sanidad. ***11.- Franco di Bella:*** Director del *Corriere della Sera*. ***12.- Emilio Eduardo Massera:*** Miembro de la Junta Militar Argentina responsable del golpe de Estado de 1976. ***13.- Francesco Cosentino:*** Político de Democracia Cristiana y parlamentario europeo. ***14.- Antonio Labruna:*** Miembro del servicio secreto italiano. ***15.- José López Rega:*** Brujo, hombre de confianza de Juan Domingo Perón y fundador de la Triple A. ***16.- Romolo dalla Chiesa:*** General de carabineros y hermano de Carlo Alberto dalla Chiesa, responsable de la brigada de lucha antiterrorista. ***17.- Gino Birindelli:*** Almirante y político, diputado del Movimiento Social Italiano y fundador del partido de ultraderecha Democracia Nacional. ***18.- Bruno Tassan Din:*** Administrador delegado del grupo Rizzoli, editor del *Corriere della Sera*. ***19.- Gaetano Stammati:*** Ministro de Finanzas en los gobiernos de Aldo Moro y Giulio Andreotti, y presidente del Banco Comercial Italiano. ***20.- Giulio Caradonna:*** Político del Movimiento Social Italiano. ***21.- Franco Ferracuti:*** Psiquiatra y criminólogo, miembro del grupo de expertos seleccionados para interpretar las cartas enviadas por Aldo Moro durante su cautiverio. ***22.- Roberto Calvi:*** Presidente del Banco Ambrosiano. ***23.- Alberto Capanna:*** Presidente de la compañía FINSIDER. ***24.- Giulio Grassini***: General y director del Servicio de Información y Seguridad Democrática (SISDE).

El puente Blackfriars

En 1769, la capital británica estrenó un nuevo puente que venía a sumarse a los de Londres y Westminster.

Aunque fue bautizado como puente de William Pitt, en honor de un primer ministro, con el tiempo se impuso el nombre de Blackfriars por estar cerca de un monasterio de dominicos.

Por entonces nadie imaginaba que ese nombre, algo así como monje negro, encajaría tan bien con los eventos que se producirían posteriormente en esta innovadora obra de ingeniería. Una infraestructura que, a pesar de su importancia para la ciudad, poco tiempo después de su construcción, comenzó a mostrar problemas estructurales.

Erigido originariamente con cemento Portland, no transcurrieron ni cincuenta años antes de que precisase de reparaciones de tal envergadura, que aconsejaron la construcción de un nuevo puente en la misma ubicación. Este fue a su vez modificado y ensanchado en 1907 para satisfacer las necesidades del transporte de moda: el automóvil.

Durante años, Blackfriars fue uno más de los puentes londinenses. Su importancia se fue diluyendo a medida que se construían otros. Sin embargo, un día de 1982, este puente pasó a ser más popular que el *London Bridge is falling down, falling down, falling down...*

El viernes 18 de junio de ese año, Anthony Huntley, empleado del departamento de correos del *Daily Express*, iba de camino a su puesto de trabajo cuando se encontró el cuerpo de un hombre colgando del puente o, más concretamente, de unos andamios que se habían colocado recientemente para repintar las arcadas de la estructura. Cuando hablamos de que estaba colgando, es importante aclarar que lo hacía por el cuello. Este dato será clave más adelante.

Roberto Calvi apareció sin bigote y con soga. Dos elementos que despistaron a las autoridades inglesas.

Huntley, que debía estar pensando en que ese descubrimiento podría estropearle los planes del fin de semana, siguió su camino. Durante el trayecto se encontró con su amigo Stephen Pullen, empleado de correos del diario *Evening Standard*, y le contó lo que había visto. Pullen, más cortoplacista que Huntley, debió pensar que ese hecho le libraría de tener que trabajar esa mañana y alertó a la policía.

Tras el levantamiento del cadáver con autorización judicial, Keith Simpson, uno de los forenses más respetados de Gran Bretaña, inició la autopsia del cuerpo. Los años de experiencia de Simpson le habían llevado a afirmar en un libro que «el estrangulamiento es casi siempre asesinato; el ahogamiento casi nunca», pero siempre se aprende algo nuevo.

Cuando el cadáver fue revisado, se encontró

un pasaporte a nombre de Gian Roberto Calvini que resultó ser falso. La verdadera identidad del muerto era la de Roberto Calvi, que se había afeitado su característico bigote y, en ese momento, la hipótesis del suicidio empezó a dejar sitio a la de asesinato. Algo tuvo que ver en ello el hecho de que, cuando el cuerpo fue descolgado, en los bolsillos del terno se encontraron objetos tan curiosos como 15.000 dólares en metálico y piedras, muchas piedras. No preciosas, sino cantos rodados. Muchos. Demasiados.

El conocido como *banquero de Dios* —por haber tenido bajo su control al Banco Ambrosiano, estrechamente relacionado con el Vaticano—, había comenzado a ser una pieza incómoda en el tablero de juego de Licio Gelli, el venerable maestro de la logia P2 y el monje negro que controló el destino y la política italiana de la segunda mitad del siglo XX.

En 1982 los diarios abrieron sus ediciones con una sorprendente noticia: un banquero corrupto había aparecido muerto colgando de un puente. Eran otros tiempos.

Los investigadores, que encontraron todas las pertenencias de Calvi en un hotel londinense ordenadas de manera impecable en dos maletas, fueron incapaces de localizar un maletín que portaba siempre consigo. En él, según declaraciones de su familia, guardaba una pistola y documentación comprometedora contra Gelli, el cardenal Marcinkus, Roberto Rosone y otras destacadas figuras de las finanzas y la política internacional.

Cuanto más se indagaba sobre la muerte del banquero, más complicado era dar con una conclusión satisfactoria, así que un primer juez determinó que la causa había sido el suicidio. Ante el recurso de la familia, un segundo juez prefirió concluir que era imposible determinar la causa de la muerte. Caso cerrado.

Años más tarde, la familia Calvi solicitó la

apertura del procedimiento y encargó un nuevo informe forense, el cual resolvió que Calvi no pudo ahorcarse a sí mismo ni lanzarse desde el pretil: sus zapatos demostraban que no había caminado por el puente y sus manos no tenían restos de ladrillo. Alguien tuvo que meterle las piedras en los bolsillos.

En 1998 se exhumó el cadáver, lo que sirvió para aportar más datos sobre la imposibilidad del suicidio y crear nuevas hipótesis relativas al asesinato, ninguna concluyente.

Entre ellas estaba aquella que afirmaba que la muerte se produjo cuando la marea del río estaba alta y que el banquero fue colgado por una o varias personas que se encontraban, no sobre la superficie del puente sino en el agua, en una embarcación.

Roberto Calvi, el hombre que le llevaba las cuentas a Dios aquí en la tierra como en el cielo.

En 1991, Francesco Marino Mannoia, alias *Mozzarella*, afirmó en sede judicial por cuestiones ajenas al caso Calvi, que el banquero había sido estrangulado por Franco Di Carlo a instancias de Pippo Calò, tesorero de la Cosa Nostra, y Licio Gelli, a los que Calvi debía grandes sumas de dinero por la quiebra del Banco Ambrosiano.

Di Carlo negó haber sido el autor del hecho pero sí reconoció que Calò le había dado la orden de asesinar al banquero. Si no lo hizo en ese momento, explicó, fue porque «estaba ocupado». Cuando llamó a Calò para decirle que ya podía llevar acabo el encargo, se le respondió que «lo habían organizado de otra forma».

Sea como fuere, a día de hoy y a pesar de todas esas nuevas investigaciones, nunca se ha podido determinar la muerte de Roberto Calvi. Muchos de los posibles sospechosos ya han fallecido y a él hace tiempo que le da lo mismo.

La conexión argentina

En las listas de la Propaganda Dos había más de veinte argentinos. Entre ellos, personas relacionadas directa o indirectamente con la dictadura militar y la posterior represión. Este es el caso del almirante Emilio Eduardo Massera, el general Guillermo Suárez Mason, José López Rega, el expresidente de la República Raúl Lastiri, el diplomático Carlos Federico Barttfeld, el exsecretario José María Villone, el exministro Adolfo Savino, el general Luis Alberto Betti, el excanciller Alberto Vignes o el almirante Juan Questa. Sin embargo, las relaciones entre Gelli y los gobernantes argentinos eran anteriores a la dictadura de 1976.

A principios de los años 70, Licio Gelli transmitió a sus contactos en el Vaticano y en las altas esferas del Gobierno de los Estados Unidos que era conveniente que Juan Domingo Perón regresase a la Argentina. La vuelta del General podría ser una eficaz solución para neutralizar a la guerrilla y evitar que el país tomase una deriva similar a la del Chile de Salvador Allende.

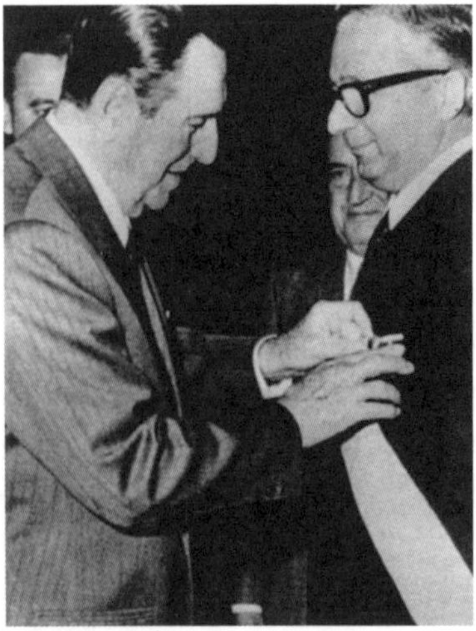

José López Rega, José Ignacio Rucci, Norma Kennedy, Licio Gelli... Como cazatalentos, Juan Domingo Perón no tenía precio.

A través de Giancarlo Elía Valori —un amigo personal de Perón que lo visitaba con frecuencia en la quinta *17 de octubre* de Puerta de Hierro acompañado de su madre, amiga íntima de María Estela Martínez de Perón, *Isabelita*—, Gelli consiguió entrar en contacto con el General.

Licio Gelli no tardaría en hacer amistad con José López Rega, edecán de Perón y brujo, que posteriormente formaría parte de la logia Propaganda Dos y organizaría el grupo parapolicial de ultraderecha Triple A (Alianza Anticomunista Argentina).

Estas buenas relaciones permitieron que Gelli colaborase intensamente en la organización del primer regreso de Perón a Argentina después de su exilio. Un viaje que se realizó en una aeronave de Alitalia en noviembre de 1972.

Tras la asunción de Perón como Presidente de la República después de ganar las elecciones del 23 de septiembre de 1973, las relaciones con Gelli se estrecharon aún más. Esto propició lucrativos negocios para empresas italianas en Argentina, muchas de las cuales estaban relacionadas, de una u otra manera, con los hermanos de la logia P2.

Estas relaciones llegarían a su cenit en 1974, cuando *il maestro venerabile* Gelli fue nombrado agregado comercial de la Embajada Argentina en Roma. Este cargo le daba derecho a la ciudadanía del país austral y a un pasaporte diplomático, sin embargo, eso para Gelli debía resultar demasiado legalista.

Víctor Basterra, recluido en el centro de detención ilegal de la Escuela de Mecánica de la Armada (ESMA) y encargado de hacer documentos falsos para los militares, reconoció en los juicios contra los genocidas que durante su cautiverio, realizó cuatro pasaportes para un extranjero nacionalizado argentino. No era otro que Licio Gelli. De hecho, cuando el gran maestre de la P2 fue detenido en 1982 en Suiza, portaba uno de esos pasaportes.

La conexión genocidas-Gelli-Calvi-Ambrosiano sirvió también para que el banco italiano financiase la compra de unos cuantos misiles Exocet destinados al conflicto de Malvinas entre Argentina y Gran Bretaña. Que la muerte de Calvi se produjese posteriormente en Londres tal vez no fuera algo puramente azaroso.

La conexión argentina de Gelli y su estrecha colaboración con la dictadura también tuvo un papel determinante en el drama vivido por las Madres y Abuelas de Plaza de Mayo. Por esa razón, los fiscales italianos Giuliano Turone y Gerardo Colombo consideraron que sería buena idea paliar ese sufrimiento entregando a Estela de Carlotto, responsable de Abuelas de Plaza de Mayo, seis barritas de oro de cien gramos. Una ínfima parte de los 160 kilos de ese material que se encontraron en Villa Wanda ocultos en las macetas de la finca. La idea no gustó a Gelli, que demandó a ambos fiscales por difamación aunque finalmente fueron absueltos por el tribunal.

En 1979, Víctor Basterra fue secuestrado junto a su mujer y su hija recién nacida y trasladado a la Escuela de Mecánica de la Armada (ESMA). Ellas serían puestas en libertad una semana más tarde, pero él permanecería detenido.

Militante del Peronismo de Base y obrero de artes gráficas con conocimientos de fotografía, Basterra había colaborado con las organizaciones armadas, concretamente con las Fuerzas Armadas Peronistas de Envar El Kadri (FAP), creando documentación falsa, talento que le ayudaría a salvar la vida dentro del centro clandestino de detención.

Tras ser torturado, los militares lo emplearon como mano de obra esclava para confeccionar documentos falsos. Entre sus tareas estaba la de fotografiar a los represores. «Tenía que hacer cuatro copias, pero yo hacía cinco y me guardaba una. Sabía que algún día me iban a servir», declaró posteriormente Basterra, que guardaba

Víctor Basterra

esas imágenes extra en las cajas de papel fotosensible después de haber comprobado que, cuando los militares inspeccionaban el lugar, nunca miraban ahí por miedo a estropear el material fotográfico.

Con el tiempo, y aprovechando algunos permisos temporales, Basterra fue sacando de la ESMA las fotografías. Una vez en su casa, las escondía en un hueco realizado *ad hoc* en la pared del que solo él y una compañera de militancia tenían conocimiento.

En total, Basterra consiguió salvar más de cien fotografías de torturadores, militares y personal civil vinculado a la ESMA. También logró salvar instantáneas de los secuestrados que sirvieron como prueba —en muchos casos la única— de que esas personas habían estado recluidas allí antes de ser asesinadas, desaparecidas o arrojadas vivas al Río de la Plata.

El 3 de diciembre de 1983, apenas una semana antes de que asumiera el cargo de presidente Raúl Alfonsín, Basterra fue liberado. Sin embargo, sus captores continuaron vigilándolo durante varios meses ya bien entrada la democracia. Cuando comenzaron los juicios contra los miembros de la Junta Militar, Basterra aportó todos los materiales que obraban en su poder, algunos de los cuales desaparecieron antes de comenzar los procesos judiciales.

LE ESTÁBAMOS ESPERANDO

Volumen 2
MMXIX

VILLA WANDA

Sicilia, año 1943. Los aliados deciden invadir la isla para liberar las rutas del Mediterráneo de la amenaza de las fuerzas del Eje y facilitar así el traslado de tropas y mercancías. La operación sería también un primer paso para la conquista de la península italiana y permitiría la detención de Benito Mussolini. Recluido en el Gran Sasso, el Duce sería posteriormente rescatado por Otto Skorzeny, pero esa es otra historia.

La estrategia de la tensión

Marino Serri, 40 años, asesinado por la policía en Reggio Emilia el 7 de julio de 1960.

Ovidio Franchi, 19 años, otro de los cinco muertos de Reggio Emilia.

Para garantizar el éxito de la operación, los servicios de inteligencia estadounidenses contactaron con diferentes mafiosos italoamericanos, como Charlie *Lucky* Luciano, para establecer lazos con la población autóctona. De hecho, tras el éxito de la operación que se demoró desde el 9 de julio hasta el 17 de agosto de 1943, muchos de los nuevos alcaldes nombrados por los americanos fueron miembros de la mafia local.

La mafia, que había sido prohibida y perseguida durante el gobierno de Benito Mussolini, recuperó así su importancia en la sociedad siciliana. Apoyada por la inteligencia norteamericana, cuyas tropas de ocupación permanecieron varios años en territorio italiano, la mafia empezó a desarrollar actividades no del todo legales y a establecer contactos con las altas instancias del Estado. Italia, y no Estados Unidos, se convirtió así en la nueva tierra de las oportunidades. Personajes como Michele Sindona y Licio Gelli aprovecharon esas facilidades para empezar a armar su estructura de poder.

Finalizada la guerra, Estados Unidos retiró las tropas pero mantuvo una estrategia de injerencia en la política italiana para evitar que los partisanos, la resistencia popular al fascismo durante la guerra, consiguieran culminar una revolución social y política en el país. Tras obligarles a desarmarse y a adoptar las reglas de la democracia liberal, los norteamericanos ayudaron con grandes sumas de dinero a la Democracia Cristiana para neutralizar las posibilidades de los partidos socialista y comunista de llegar al poder en las elecciones de 1948.

Pero no solo fueron los norteamericanos el principal apoyo de los demócratas cristianos, ni la financiación ilegal el único método de influencia. El Vaticano azuzó a sus fieles afirmando que las elecciones eran entre «Dios y el Diablo». La CIA falsificó y filtró a los medios de comunicación documentos que desprestigiaban al Partido Comunista y la mafia asesinó a ciudadanos anónimos que militaban en la izquierda como aviso para navegantes.

El atentado del 12 de diciembre de 1969 en la sede de la *Banca Nazionale dell'Agricoltura* de la milanesa Piazza Fontana inspiró a Dario Fo la obra *Muerte accidental de un anarquista*. ¿Cómo? Hombre, no pensará enterarse de todo leyendo solo los pies de foto.

Finalmente, la Democracia Cristiana ganó las elecciones de 1948, victoria que revalidaría en las siguientes citas electorales. Sin embargo, las políticas de derechas y las demandas sociales hicieron que, con el tiempo, los partidos de izquierda volvieran a tener opciones de gobierno en Italia. Aunque los tiempos habían cambiado, ni Estados Unidos ni el Vaticano ni la mafia se habían movido un ápice de sus planteamientos originales. Como, por otra parte, tampoco estaban dispuestos a cambiarlos, decidieron hacer frente a esas demandas sociales empleando métodos expeditivos.

Las instituciones del Estado y los poderes fácticos optaron por desplegar una política de confrontación, represión y tensión social. Las manifestaciones y reivindicaciones de los movimientos de izquierdas, lejos de ser atendidas, eran reprimidas con dureza y desproporción.

El 7 de julio de 1960, durante la celebración de una manifestación sindical en Reggio Emilia, cinco obreros militantes del PCI fueron asesinados por las fuerzas policiales. El hecho provocó más movilizaciones y el Presidente del Consejo,

Fernando Tambroni, autorizó a la policía a abrir fuego en caso de considerarlo oportuno. Una semana más tarde, se contaban once muertos y centenares de heridos.

Tras Reggio Emilia, la persecución y represión de los grupos de izquierda para generar inestabilidad social continuó. Desde 1964 hasta mediados de los años 70, se produjeron diferentes intentos de golpe de Estado en Italia. Aunque no llegaron a concretarse, generaron esa deseada situación de violencia e inestabilidad en el país como no se conocía desde la época de la guerra mundial.

En la madrugada del 4 de agosto de 1974, un artefacto explotó en el tren Italicus que cubría la línea Roma-Munich. Doce personas fallecieron y más de cuarenta resultaron heridas. Aldo Moro tenía previsto viajar en ese tren, pero problemas de agenda se lo impidieron. El atentado se enmarca dentro de las acciones de la red Gladio en Europa.

Así, la estrategia de la tensión puede resumirse como la colaboración de los servicios secretos y los grupos de ultraderecha para provocar actos terroristas que posteriormente eran atribuidos a fuerzas de izquierda. Con ello se pretendía generar un clima social de rechazo a los partidos progresistas y propiciar la reacción de militares, policías y poderes fácticos. Si hubiera sido necesario, estos grupos podrían haber tomado el poder apareciendo como salvadores del Estado.

El 12 de diciembre de 1969, una bomba colocada en la sucursal de la *Banca Nazionale dell'Agricoltura* en la Piazza Fontana de Milán provocó la muerte a catorce personas y heridas a más de ochenta. Como reacción a este y otros actos de violencia contra los trabajadores, se formaron las primeras Brigadas Rojas y otros grupos de acción directa como Primera Línea o Lucha Continua.

El 28 de mayo de 1974, ocho personas fueron asesinadas y más de cien heridas en la Piazza della Loggia de Brescia durante una protesta antifascista. La causa fue una bomba colocada en una papelera por un grupo de ultraderecha denominado *Ordine Nuovo*. Las investigaciones determinaron una conexión entre esta organización y los servicios de inteligencia de Estados Unidos, quienes habrían financiado ese y otros operativos a través de la embajada norteamericana en Roma.

Resueltos sus problemas de financiación y protegidos por los servicios secretos, nada impedía que *Ordine Nuovo* volviera a actuar. Unos meses después, a la 1:23 de la madrugada del 4 de agosto de 1974, una bomba colocada en el Italicus Express -tren nocturno que cubría la ruta Roma-Munich-, estalló asesinando a doce personas e hiriendo a más de cuarenta.

Pietro Valpreda (izquierda) durante el juicio por la masacre de Piazza Fontana de Milan celebrado en febrero de 1972. Aunque en el atentado estaban implicados policías, servicios secretos, la red Gladio y la ultraderecha, las autoridades resolvieron acusar a varios militantes anarquistas.

Dos meses después de la explosión del Italicus Express, una mujer declaró ante el juez Mario Marsili que la bomba había sido colocada en la parada de Santa María Novella en Florencia por el ultraderechista Mario Tuti. El magistrado, a la sazón yerno de Licio Gelli, archivó la causa y ordenó que la testigo fuera internada en un sanatorio mental.

El 9 de mayo el 1978, el cadáver de Aldo Moro apareció en el maletero de un automóvil en la Via Caetani de Roma. Todos los esfuerzos por poner fin al secuestro de forma negociada habían sido infructuosos. La intransigencia de la clase política conservadora italiana había impedido cualquier pacto con las Brigadas Rojas. Para ese sector político, Moro ya estaba amortizado: sabía demasiado sobre la guerra sucia y era partidario de facilitar la entrada de los comunistas en el gobierno de Italia. Entre aquellos que se negaron a la negociación se encontraba Giuseppe Saragat, exministro de Asuntos Exteriores y expresidente de la República que, en 1970, cuando todavía era máxima autoridad del Estado, ya había acudido a Villa Wanda a llamado de Licio Gelli, y no para arreglar los parterres precisamente.

La acción más cruenta del terrorismo de ultraderecha -también conocido como terrorismo negro– dentro del marco de la estrategia de la tensión, se produjo el sábado 2 de agosto de 1980. Justo cuando cientos de personas se disponían a disfrutar de las vacaciones de verano, un artefacto explosivo estalló en el vestíbulo de la estación de trenes de Bolonia. El saldo fue de ochenta y cinco muertos y más de doscientos heridos.

En un primer momento, las pesquisas de la policía se dirigieron hacia los grupos de izquierda, pero finalmente el hecho fue reivindicado por *Ordine Nuovo*. Investigaciones posteriores probaron el vínculo de dicho grupo de extrema derecha con Licio Gelli y varios miembros del servicio secreto militar italiano (SISMI).

La estrategia de la tensión continuó durante el resto de la década de los 80 por medio de atentados y acciones de desestabilización realizados por los servicios secretos, por diferentes grupos armados e incluso por organizaciones criminales como la Banda de la Magliana. Sin embargo, todo eso sería un juego de niños con lo que se llegaría a conocer el 24 de octubre 1990.

En esa fecha, el Presidente del Consejo de Ministros italiano, Giulio Andreotti, reconoció en sede parlamentaria que, desde hacía años, operaba en Italia una red de ejércitos *stay behind* llamada Gladio. Organizados por la CIA, el MI6 y otros servicios secretos europeos, este ejército clandestino habría sido creado para repeler una posible invasión soviética en la época de la Guerra Fría. Sin embargo, a lo largo de su historia, Gladio también habría realizado diferentes acciones en Italia, incluidos atentados terroristas atribuidos a grupos de izquierda, con intención de desestabilizar el país.

El 12 de diciembre de 1969 se produjo la matanza de Piazza Fontana en Milán. Aunque el hecho fue cometido por miembros de la ultraderecha relacionados con los servicios secretos del Estado, la policía se apresuró a culpar a militantes anarquistas.

Las detenciones no tardaron en producirse. Entre ellas, las de Giuseppe Pinelli y Pietro Valpreda. El primero moriría en extrañas circunstancias al caer por una ventana de la comisaría de policía en la que estaba siendo interrogado.

El segundo sería sometido a un linchamiento mediático antes de ser juzgado. En 1970 la revista *Gente* publicó un reportaje en el que amigos y conocidos de Valpreda detallaban su vida sentimental. Entre los testimonios recabados se encontraba el de Ermanna Ughetto, de nombre artístico *Ermanna River*, artista de variedades que reconoció haber tenido un breve romance con el anarquista, bailarín y actor en el verano de 1969. También declaró haberse reencontrado con él en Milán, veinte días antes de la masacre de Piazza Fontana. Según Ughetto, Valpreda la recogió a la salida del espectáculo en el que trabajaba y fueron juntos a cenar.

Dos semanas después, cuando acudió a declarar ante el juez, Ughetto/River refirió la misma historia, pero sin mencionar que el encuentro había tenido lugar veinte

Ughetto

días antes de que se produjera el atentado, dando a entender que Valpreda estaba en Milán los días previos y posteriores a los hechos.

No importó que el militante anarquista relatase que, el día de la explosión, estaba convaleciente de una enfermedad en casa de una tía abuela suya. No importó que lo ratificase ese familiar. No importó que diferentes amigos, incluso un camarero sin vínculo con el acusado, validasen la versión de Valpreda. El magistrado prefirió creer la versión de Ughetto, que demostró ser mejor actriz de lo esperado, del mismo modo que el juez resultó peor de lo deseable.

Gladio

Durante la Guerra Fría, la OTAN y la CIA, con ayuda de los servicios secretos de diferentes países europeos, desarrollaron un sistema de ejércitos secretos para hacer frente a una posible invasión de Europa occidental por parte de la Unión Soviética.

Presentes en Italia, Francia, Austria, Suiza, Alemania, Gran Bretaña y Bélgica, los ejércitos *stay behind* estaban preparados para actuar de manera autónoma y llevar a cabo acciones especiales en países del Este o en aquellas zonas del territorio europeo que hubieran caído bajo influencia soviética.

El reclutamiento se llevó a cabo, principalmente, entre miembros de grupos de ultraderecha, algunos de los cuales fueron posteriormente entrenados en campos británicos bajo control del MI6.

La elección de ese perfil ideológico no era azaroso. Respondía al principal objetivo de Gladio en época de paz: generar una situación de tensión e inestabilidad política de la que se haría responsable a los grupos y partidos de izquierda de los diferentes países.

De esta forma, además de generar entre la ciudadanía un sentimiento de rechazo hacia las ideologías progresistas, se transmitía la idea de que el capitalismo occidental era el único sistema capaz de garantizar las libertades y la seguridad.

Desde los años 50 y hasta mediados de los 80, la red Gladio –o sus diferentes denominaciones en cada país– estuvo vinculada de una u otra manera con diferentes acontecimientos ocurridos en Europa, algunos de los cuales provocaron la muerte de decenas de personas.

En Italia, miembros de dicha organización provocaron dos golpes de Estado: la Operación Piano Solo de 1964, que obligó a los parlamentarios socialistas a abandonar sus cargos en el gobierno del país, y Tora Tora, finalmente abortada por sus propios organizadores en 1970.

Además de acciones para desestabilizar gobiernos, los ejércitos *stay behind* de la OTAN participaron en diferentes actos de terrorismo. Entre ellos, la masacre de Piazza Fontana de Milán (Italia, 1969), el atentado de Peteano (Italia, 1971), la masacre de la estación de Bolonia (Italia, 1980), la bomba en el *Oktoberfest* de Munich, que causó una decena de muertos y más de doscientos heridos (Alemania, 1980) y los atentados de Brabant (Bélgica, 1982 y 1985).

Aunque los ejércitos *stay behind* operaron en el continente, desde los años 50, cualquier comentario al respecto era silenciado o desacreditado. Resultaba imposible imaginar que los servicios secretos de un estado extranjero, en connivencia con los del país, estuvieran vulnerando la soberanía nacional y realizando ataques contra la población civil y los partidos democráticos.

En 1952, por ejemplo, un hombre –de quien luego se sabría que había pertenecido a las *Waffen SS* como otros muchos miembros de la red Gladio en Alemania– entró en una comisaría de Fráncfort y afirmó ser miembro de un ejército secreto. Dijo también haber sido entrenado por los norteamericanos y disponer de abundantes armas, dinero y explosivos.

Nadie le creyó. Para la sociedad alemana el hecho no pasó de ser una mera anécdota. Sin embargo, Konrad Adenauer transmitió su desagrado a los responsables de la red *stay behind* en su país. En contra de lo que pudiera parecer, el canciller no estaba molesto porque hubiera un ejército secreto, sino porque se eligiese a gente tan poco competente para formar parte de él.

Sin embargo, no sería Adenauer quien descubriría la red Gladio a la opinión pública, sino Giulio Andreotti. En 1990, el presidente italiano reconoció en sede parlamentaria la existencia de una red de ejércitos secretos coordinados por la OTAN. Un tremendo escándalo político que provocó que el resto de gobiernos europeos tuvieran que salir a dar explicaciones. Tampoco muchas, todo hay que decirlo.

Cuando le llegó el turno al gobierno español, la respuesta fue concisa: España no tuvo relación alguna con los ejércitos *stay behind*. Preguntado sobre el tema en 1990, el expresidente Calvo Sotelo se limitó a afirmar que «aquí Gladio era el gobierno».

Ningún miembro de los diferentes gabinetes democráticos españoles dio nunca una explicación más detallada y las investigaciones al respecto se cerraron con conclusiones vagas y confusas. Sin embargo, estudios posteriores probaron que destacados militantes de organizaciones del terrorismo negro italiano vinculadas con Gladio habían estado en España a finales de los años 70 y principios de los 80. Por ejemplo, el ultraderechista Franco Cicuttini, implicado en la masacre de Peteano y que también participó en la de los abogados laboralistas de Atocha de 1977.

Recientemente, informaciones recabadas por la justicia italiana con motivo de diferentes sumarios abiertos en ese país, han revelado la existencia de otros crímenes perpetrados en España por grupos de ultraderecha italianos relacionados con Gladio en mayor o menor grado. Entre ellos destaca la desaparición en 1976 de Eduardo Moreno Bergaretxe, alias *Pertur*, cuyo cuerpo nunca ha sido hallado. Estas nuevas investigaciones vendrían a contradecir las versiones que, durante años, dieron las autoridades y la prensa española sobre el caso, que sostenían que este miembro de ETA, defensor de una salida negociada a la violencia con la llegada de la democracia, había sido asesinado por sus correligionarios para impedir cualquier acuerdo con el gobierno español.

Entrevista Daniele Ganser

En 2005 Daniele Ganser, investigador en el Centro de Estudios para la Seguridad del Instituto Federal de Tecnología de Zúrich, publicó *Los ejércitos secretos de la* OTAN*. La Operación Gladio y el terrorismo en Europa occidental* (El viejo topo, 2010).

Por primera vez se abordaba de manera documentada y exhaustiva uno de los hechos más desconocidos de la Guerra Fría: la creación de ejércitos clandestinos *stay behind* por parte de la CIA y los servicios secretos europeos con el conocimiento y beneplácito de los gobiernos de diferentes países.

Daniele Ganser. (Fotografía: Tobias Sutter).

Una estrategia desarrollada en las sombras cuyo objetivo inicial era combatir una posible invasión soviética en el resto del continente y que acabó siendo una forma de desestabilizar las democracias europeas y criminalizar los movimientos de izquierdas.

Daniele Ganser ha tenido la amabilidad de hacer un hueco en su agenda para responder un breve cuestionario que arroja un poco de luz sobre esta organización clave para entender gran parte de los acontecimientos de la historia europea reciente.

«Es un hecho histórico que la CIA está vinculada al terrorismo, los golpes de Estado y la violencia en muchos países».

VILLA WANDA: Todo lo relacionado con Gladio resulta increíble. No solo la existencia de la organización en sí misma, sino actos como los asesinatos de Brabant, el atentado de Piazza Fontana, el de la estación de Bolonia, los vínculos con Licio Gelli y Propaganda Dos, *Ordine Nuovo*, el Banco Ambrosiano o incluso las relaciones con la mafia y la Banda de la Magliana.

Interior del bar de la estación de Bolonia después del atentado de 1980.

Con todos estos datos, ¿dónde podemos colocar la frontera entre la realidad y la teoría conspiranoica? ¿Cómo podemos estar seguros de que Gladio ha sido desmantelada? ¿Cómo saber si muchos de los ataques terroristas de los últimos años no han sido cometidos por miembros de Gladio o de un nuevo ejército *stay behind*, independientemente de su denominación?

DANIELE GANSER: A día de hoy, en el año 2016, la mayoría de la gente desconoce que Gladio existió. Nunca han escuchado el término estrategia de la tensión o terrorismo bajo falsa bandera. Los datos están disponibles desde 1990 e historiadores como yo hemos conseguido ponerlo a disposición de un público más amplio. Una vez que comienzas a analizar estos datos desconfiarás de cualquier atentado terrorista a gran escala porque estás advertido de que podría haberse realizado o manipulado bajo falsa bandera.

Gladio fue desmantelada. Sin embargo, la estrategia de la tensión continúa. La llamada «guerra contra el terror» basada en los ataques terroristas del 11 de septiembre. Necesitamos estudiar cuidadosamente esos ataques y, por encima de todos, el ataque al World Trade Center 7, el edificio que no recibió el impacto de un avión pero que también se hundió, y preguntarnos a nosotros mismos: ¿mintió la administración Bush al mundo? ¿Dijeron la verdad sobre el 11 de septiembre? Hay gente que dice «No quiero discutir sobre teorías conspiranoicas», pero eso es demasiado simplista. Esos ataques terroristas sucedieron. Ahora sabemos que durante la Guerra Fría el terrorismo fue utilizado en Italia para manipular a la opinión pública dentro del contexto de la Operación Gladio.

Debemos aprender del pasado y entender que es posible que también hoy estemos siendo manipulados a través de una estrategia de la tensión.

«No se apure, muchacho. Seguro que al acabar la guerra nuestros amigos de Estados Unidos le consiguen un puestecillo en el programa espacial o en Gladio. Diga que va de mi parte».

VILLA WANDA: Al final de la Segunda Guerra Mundial, los nazis crearon *Werewolf*, los *hombres lobo*. Un ejército irregular *stay behind* destinado a combatir a los aliados cuando la guerra hubiera concluido. ¿Hay alguna relación entre los *hombres lobo* y Gladio? ¿Pudo ser una inspiración? Incluso vayamos más allá, ¿pudo haber miembros de *Werewolf* que fueran reclutados para Gladio, igual que lo fueron antiguos miembros de la *Wehrmacht*, de las *Waffen ss*, miembros de la República de Saló y militantes fascistas?

DANIELE GANSER: No conocemos los detalles sobre el *stay behind* alemán porque el gobierno de Alemania no quiere que se hable de ese tema. Lo que sí que sabemos es que antiguos oficiales de las *Waffen ss*, por lo tanto oficiales del ejército de Hitler, fueron miembros del *stay behind* secreto alemán. Esto es ya de por sí un escándalo, porque esos ejércitos secretos alemanes fueron coordinados por la CIA y la OTAN. Por supuesto, la OTAN no quiere hablar sobre ese oscuro capítulo. No quieren reconocer que cooperaron con antiguos oficiales de las *Waffen ss* después de la Segunda Guerra Mundial en redes secretas.

VILLA WANDA: En los años 70, Italia sufrió al menos dos golpes de estado, la Operación Piano Solo y Tora Tora. Bélgica sufrió varios ataques terroristas y lo mismo sucedió en Alemania. En esa misma época en Sudamérica, el Plan Cóndor comenzaba a extenderse por Chile, Uruguay, Argentina, Paraguay y Brasil.

«¿Gladio? Mmmm... No caigo. ¿Escuela de las Américas...? Tampoco. ¿ESMA? No, no me dice nada. ¿Vietnam...? ¿Por dónde cae eso?».

¿Podemos decir que fue Gladio la solución elegida por la CIA para Europa? ¿Crees que la OTAN hubiera ayudado a crear dictaduras tan cruentas como las de Argentina o Chile si hubiera sido necesario? ¿Hubo alguna relación entre la Escuela de las Américas de Panamá, la Escuela Francesa de Argelia y Gladio?

DANIELE GANSER: Sí, hay relaciones. Hemos comprobado que la CIA utilizó a los extremistas de ultraderecha para controlar zonas de Latinoamérica. Ahora sabemos que también en Europa la CIA cooperó con los grupos de ultraderecha como *Ordine Nuovo* en Italia.

La idea era mantener a los comunistas italianos fuera del poder. Tenían gran representación en el Parlamento, pero la CIA y la OTAN no querían verlos dentro de un gobierno en, por ejemplo, el Ministerio de Defensa. Por tanto, colaboraron con la derecha italiana para parar a la izquierda italiana.

Esto es muy similar a lo que sucedió en Chile después de 1973, cuando la CIA cooperó con Pinochet para parar a Allende. Por supuesto, en

Latinoamérica fue mucho más brutal que en Europa. Sin embargo, en ambos casos lo que hizo la CIA fue ilegal. Ninguna nación está autorizada a derrocar al gobierno de otra nación. O promover ataques terroristas. Este es el verdadero lado oscuro de la política internacional, pero mucha gente no quiere hablar de ello. Si alguien afirma que la CIA es una organización terrorista se sorprenden. Sin embargo, es un hecho histórico que la CIA está vinculada al terrorismo, los golpes de Estado y la violencia en muchos países.

De Peenemünde a Redstone (Alabama) sin pasar por Núremberg. A pesar de que los cohetes V2 le salieron reguleros, los estadounidenses confiaron en Whernher von Braun (segundo por la derecha) para poner al hombre en la luna.

VILLA WANDA: No hay duda de que la existencia de Gladio no es compatible con un sistema democrático. Sin embargo, la cosa se complica aún más cuando Gladio abandona la inactividad y comienza a cometer atentados como los de Brabant. ¿Se sabe quién dio la orden de que se empezase a asesinar a la población? ¿Por qué nadie ha sido juzgado, condenado y encarcelado por hechos como esos?

DANIELE GANSER: Los atentados terroristas de Brabant en Bélgica de los 80 son unos crímenes muy complicados. Muy semejantes a los del 11 de septiembre. Hay muchas investigaciones en curso, pero la verdad es que es muy complicado conocer qué sucedió, porque la gente que intervino en ellos fue gente muy poderosa y de muy alto rango. Aún no conocemos la verdad histórica sobre Brabant y el 11 de septiembre. Solo sabemos que esos hechos impactaron a la población y tuvieron una enorme influencia política.

VILLA WANDA: Gladio no era una red precisamente barata. Estados Unidos desembolsó varios millones de dólares para sostenerla. Todo el mundo sabe que nadie invierte dinero si no recibe a cambio lo invertido o incluso más de lo gastado.

De hecho, las dictaduras de Latinoamérica tenían estrechos vínculos con los intereses económicos de las compañías estadounidenses.

En ese sentido, ¿quién ganó dinero con Gladio? ¿Es posible que esas ramificaciones económicas de Gladio tengan algo que ver con, por ejemplo, el TTIP en el sentido de que es un documento secreto, que nadie puede hacer público y que afecta a la soberanía de los países europeos? En otras palabras, ¿es el TTIP una forma pacífica de conseguir los mismos beneficios que en el pasado consiguió Gladio con la violencia?

DANIELE GANSER: Las guerras secretas están siempre diseñadas para obtener más poder y más dinero. En la actualidad seguimos siendo testigos de esas luchas por la influencia y por el poder. El TTIP no es una guerra secreta con pistolas, terror y asesinatos. El TTIP es diferente. Es una guerra económica, con acuerdos firmados a puerta cerrada. Si la gente fuera informada sobre este abuso de poder, se quedaría asombrada. Sin embargo, no es posible encontrar demasiados artículos en medios masivos sobre estos temas aunque, por supuesto, se pueden encontrar en internet.

VILLA WANDA: ¿Cuál crees que es la lección más importante que debemos aprender de Gladio? ¿Es tal vez que los ciudadanos somos completamente prescindibles para nuestros gobernantes?

DANIELE GANSER: Creo que la razón más importante es que, en ocasiones, los gobiernos asesinan y mienten. Eso justamente es lo que hace que tengamos que estar mucho más alerta a la hora de defender nuestros derechos y libertades.

Los ataques de Brabant

Brabant, Brabante en español, es la más pequeña de las provincias belgas. Históricamente, ha sido una región en disputa por parte de diferentes naciones como Países Bajos, Gran Bretaña, España, Francia y Bélgica.

Desde 1995 está dividida en dos regiones: Brabante Flamenco, en el norte, y Brabante Valón, en el sur. Bruselas, la capital del país, se encuentra en mitad de ambos territorios pero tiene estatus de región autónoma.

Durante los años 80, concretamente entre 1982 y 1985, la región sufrió una serie de atentados contra la población civil que provocaron la muerte de 28 personas y varias decenas de heridos.

Casi treinta años después de los acontecimientos, las investigaciones no han conseguido identificar a los autores de los hechos y nadie ha sido procesado. La explicación a esta impunidad podría estar relacionada con la aparición de documentos relativos a la red de ejércitos *stay behind*, los cuales vincularían los ataques de Brabant con los comandos de Gladio que operaban en Bélgica.

Si bien están documentados alrededor de una veintena de actos criminales –entre los que se encuentran robos, asaltos y atracos de difícil conexión ente sí que causaron muertos y heridos de diferente consideración–, los hechos más cruentos de todos los cometidos en Bélgica en el marco de las actividades de la red Gladio son los ataques a supermercados de 1985.

El viernes 27 de septiembre de ese año, un grupo de encapuchados armados con fusiles de asalto irrumpieron a las 20 horas en un establecimiento de la cadena Delhaize de la localidad de Braine-l'Alleud. Recorrieron el interior disparando a los clientes, provocaron la muerte a varios de ellos y se dieron a la fuga. Media hora más tarde, a las 20:30, otro supermercado Delhaize, esta vez en la localidad de Overijse, fue asaltado empleando el mismo *modus operandi* y con las mismas consecuencias.

La alarma social provocada por estos hechos hizo que las autoridades reforzasen la vigilancia de los lugares públicos, especialmente las inmediaciones de los centros comerciales. Sin embargo, a las 19:30 horas del sábado 9 de noviembre de 1985, un grupo de asaltantes, muy posiblemente el mismo que el de los dos casos anteriores, entró de nuevo en un supermercado Delhaize de Parklaan, localidad que no pertenece a la región de Brabant sino a la de Aalst, vecina a aquella.

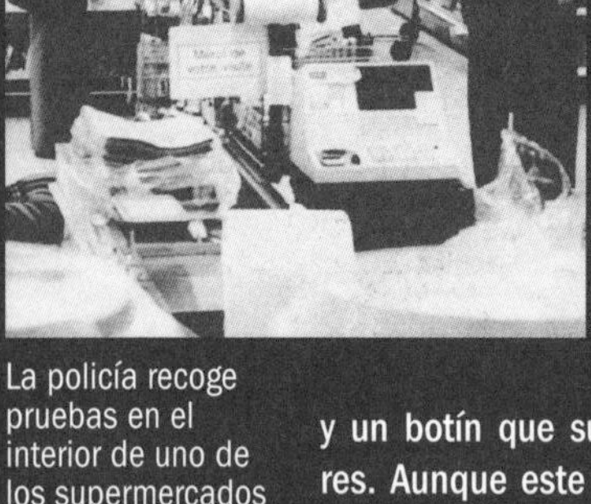

La policía recoge pruebas en el interior de uno de los supermercados atacados.

Como en las ocasiones precedentes, los atacantes iban armados con fusiles de asalto y se dedicaron a disparar y rematar a los clientes que se encontraban en el interior del local sin razón aparente para ello. Finalizado el operativo, los pistoleros, que estaban ya cercados por la policía, huyeron del lugar, sin muchas dificultades, tras enfrentarse a tiros a las autoridades.

El resultado de los tres ataques fue de dieciséis muertos, numerosos heridos, importantes destrozos materiales y un botín que superaba los cincuenta y cinco mil dólares. Aunque este último detalle podría hacer pensar que el móvil fue económico, todo apunta a que fue un mero entrenamiento Gladio.

DELHAIZE
12,50
159
PROFITEER

Marsella: jabón, drogas y pistolas

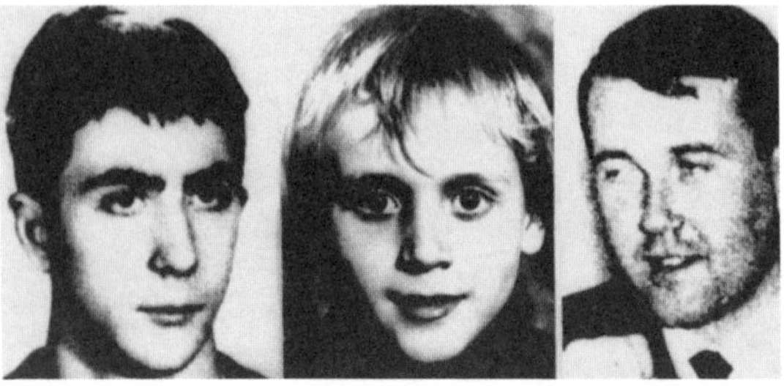

A la izquierda, Jean-Bruno Finochietti, uno de los acusados del asesinato de Jacques Massie (derecha), su hijo (centro) y cuatro personas más.

El día 22 de julio de 1981, Auriol, un pueblo cerca de Marsella se quedó sin inspector de policía. Se llamaba Jacques Massie. Lo asesinaron junto a su mujer, su hijo de ocho años, sus suegros y Georges Ferrarini, un amigo de la familia que estaba de visita.

Marsella, ciudad portuaria, ha sido tradicionalmente un lugar abonado para los negocios turbios. Por ello, Massie podía haber sido ultimado por cualquier banda de pistoleros, narcotraficantes, ladrones, proxenetas... La lista sería interminable. Sin embargo, su asesinato fue urdido por sus propios compañeros: otros policías, miembros del Servicio de Acción Cívica francés, en la lengua de Jacques Clouseau, *Service d'Action Civique.*

Medalla del *Service d'Action Civique*. No hay peña de amigos, club de fútbol, serie de televisión u organización parapolicial que no tenga su *merchandising*.

El Servicio de Acción Cívica fue una organización parapolicial creada en 1958 por el gobierno de Charles De Gaulle. La selección de sus integrantes se realizó entre simpatizantes de De Gaulle, pero pronto se reclutó a delincuentes comunes, llegando a formar un cuerpo de más de doce mil agentes. En mayo del 68, con objeto de sabotear el movimiento estudiantil y las reivindicaciones obreras, ese número ascendería a más de treinta mil.

Su principal función era la de ser una fuerza de choque destinada a neutralizar al Frente de Liberación Nacional argelino (FLN) pero, posteriormente también combatió a las OAS (Organización del Ejército Secreto), grupo ultraderechista enfrentado al FLN.

Por ello, cuando la política francesa sobre Argelia cambió, el SAC perdió su razón de existir. A pesar de ello y lejos de ser desmantelado, continuó funcionando como un grupo parapolicial al margen de las autoridades de la República que, entre otras actividades, se dedicaba a delinquir en su propio beneficio y perseguir militantes de los grupos de izquierdas.

Jean-Bruno Finochietti es conducido al lugar de los hechos para una reconstrucción. Como era todo actuado no fue necesario ultimar a seis personas más.

En 1981, el líder nacional del SAC se afincó en Marsella, donde coincidió con Jacques Massie, inspector de policía y responsable de la Asociación Cívica en esa región. No tardaron en saltar chispas.

Massie había sido acusado por sus colegas de corrupto y de colaborar con elementos de la izquierda europea. Lo primero se lo debieron pasar por alto, pero lo segundo no se lo perdonaron.

Simpatizase o no con ellos, efectivamente, Massie había tenido contactos con grupos de izquierda. Concretamente con las Brigadas Rojas, a las que había proporcionado armamento. Una venta que se hizo previo conocimiento y autorización de Licio Gelli y la logia Propaganda Dos.

Supieran o no este hecho, lo cierto es que los correligionarios de Massie decidieron acabar con él. La comisión de los otros cuatro asesinatos, sin embargo, debió ser sobrevenida. En todo caso y con objeto de provocar el menor escándalo posible, Massie e hijo fueron acuchillados, mientras que el resto de las víctimas murieron estranguladas.

Jean-Bruno Finochietti fue liberado en 1994. En la actualidad, el resto de implicados también está fuera de prisión.

El cadáver del comisario apareció posteriormente oculto en una gruta cerca de su casa. El resto de cadáveres, sin embargo, nunca fueron encontrados. El único dato fehaciente acerca de la muerte de los demás familiares de Massie y de Georges Ferrarini es el testimonio de sus presuntos asesinos y el hecho de que, desde hace años, no se les ve por el pueblo.

PÓNGASE CÓMODO, HAGA EL FAVOR

Volumen 3
MMXIX

VILLA WANDA

En los años 70, un grupo de muchachos de la periferia romana se hartó de malvivir. No querían seguir el camino de sus padres, obreros o dueños de pequeños comercios, a quienes, después de dejarse la vida trabajando, apenas les alcanzaba para mantener a sus familias.

Chicos malos

Giuseppucci, inmortalizado mientras dirige a la policía y medios de comunicación algunas de sus frases habituales: «No es lo que parece. Cuando se lo explique, señor comisario, seguro que se van a reír».

Si para conseguir dinero había que dejarse la vida, las recompensas debían de ser mucho mayores. Como poco, automóviles deportivos, relojes de oro, joyas, droga, mujeres, apuestas, villas o cualquier otra cosa que se pudiera imaginar.

Franco Giuseppucci era uno de esos muchachos. Criado en una humilde familia de panaderos del Trastévere, decidió que ese negocio no era para él. Para poder pasarse el día apostando en el hipódromo de Tor di Valle o jugando en interminables timbas de póquer, la venta de pan al detalle no era la solución. Tampoco al por mayor, todo sea dicho.

A diferencia de otras regiones y ciudades italianas, en el Lazio no operaban de forma permanente bandas organizadas como la mafia o la Cosa Nostra. Las acciones delictivas solían ser puntuales. Golpes planificados por un grupo de delincuentes que se juntaban para esa acción y se volvían a separar una vez realizada.

Giuseppucci participó en varios de esos operativos. Para estrechar lazos con algunos de esos delincuentes, se ofreció a guardar las armas en una caravana de su propiedad. Sin embargo, no había que ser Perry Mason para deducir que había algo raro en un vehículo que, pensado principalmente para viajar, estaba permanentemente aparcado en una calle de Roma. El día que la policía se decidió a registrarlo, Giuseppucci fue enviado a prisión.

Doctor por la Universidad de Regina Coeli

La cárcel fue para el joven Franco como ir a la universidad. En Regina Coeli conoció a otros delincuentes, aprendió de sus consejos y, cuando fue liberado, volvió a intentarlo con más ganas y más sabiduría. En poco tiempo y con la ayuda de sus amigos del barrio de toda la vida, se convirtió en uno de los jefes más importantes de la delincuencia romana.

Una de las primeras cosas que aprendió Giuseppucci en prisión fue que las armas no debían estar al alcance de cualquiera. Para ello, decidió llevarlas siempre consigo en su vehículo particular sin reparar en que el coche podría ser robado. Cualquiera diría que había nacido en Trastévere.

En 1977, Maurizio Abbatino era un muchacho de 23 años bien conocido en los entornos delictivos de la barriada romana de la Magliana. Cuando necesitó robar un automóvil para sus cosas, quiso el azar que fuera el de Giuseppucci, quien no tardó en poner a trabajar a sus informadores para averiguar lo sucedido con el vehículo y su contenido.

Cuando el coche y el autor del robo fueron localizados, Giuseppucci comprendió que solo tenía dos opciones: o comenzar un enfrentamiento contra Abbatino o proponerle sumar sus fuerzas. Nacía así la Banda de la Magliana.

Ser emprendedor en Roma

Aquellos que estén pensando establecerse por su cuenta, deben saber que mantener una estructura criminal requiere de una sólida base económica. Los pequeños atracos han de ser sustituidos por golpes de mayor envergadura y, en el caso de la Magliana, la solución pasó por secuestrar al duque Grazioli para solicitar un rescate millonario.

Si bien la intención de Giuseppucci y los suyos era respetar la integridad del rehén, un descuido en la vigilancia permitió que el duque reconociera a uno de sus captores. La organización tuvo que asesinarlo, pero no consideró que eso fuera un inconveniente para seguir adelante con la negociación del rescate. El duque fue fotografiado ya cadáver para enviar una prueba de vida, la familia abonó el rescate y, hasta al momento, el cuerpo del aristócrata no ha sido encontrado.

El duque Grazioli. Parecía que estaba dormido pero no, no lo estaba.

En actos como este, la Banda de la Magliana demostraba que no era más que un grupo de amigos de barrio que lo querían todo y lo querían ya. Sus acciones solían ser impulsivas, incluso cómicas e inspiradas por sentimientos tan primarios como la venganza, los celos, el narcisismo, el egoísmo o la soberbia.

Para afianzar su poder económico, la Magliana decidió entrar en el tráfico de drogas, por entonces en manos de grupos de latinoamericanos y de la camorra napolitana.

Las novedades que introdujo la Magliana en el tráfico de drogas discurrían de nuevo entre la genialidad y la ocurrencia adolescente. Primero expulsaron a la competencia amenazando a los camellos, a quienes obligaron a dejar de comprar droga a otros suministradores que no fueran ellos. A cambio, la banda les garantizó tres cosas: la mercancía, protección ante posibles represalias de los napolitanos y, por supuesto, no matarlos.

Nicolino Selis y su sonrisa de pillo.

Asimismo, los de Giuseppucci optaron por trabajar con diferentes mayoristas. De este modo, conseguían mejores precios pero la calidad fluctuaba. La cocaína la probaban ellos mismos, pero la heroína requería de una opinión cualificada. En esos casos, recurrían a toxicómanos del barrio. Les pasaban una dosis y calculaban lo que les tardaba en hacer efecto.

Apostar al rojo o al negro

Antes de acabar 1977, la Banda de la Magliana era dueña de toda la zona metropolitana de Roma. Su red de distribución de droga era cada vez más tupida y los beneficios no paraban de aumentar. Además de en coches y joyas, estos chicos de barrio comenzaron a blanquear su dinero invirtiendo en bienes raíces situados fuera de la ciudad, obras de arte y en el sector empresarial. Sin embargo, los años 70 en Italia eran convulsos y hasta los miembros de la Magliana se vieron salpicados por la actualidad.

Massimo Carminati, militante de los Núcleos Armados Revolucionarios (NAR) y amigo de Giuseppucci, jefe de la Magliana que blanqueaba el dinero que los NAR obtenían de robos y asaltos. A cambio, Carminati asesinó a un estanquero que debía dinero a Giuseppucci y sus colegas. Estuvo implicado en atentados como el de la estación de Bolonia de 1980 y, tras cumplir condena por ese y otros crímenes, lideró una nueva organización criminal, Mafia Capitale, por la que ha sido juzgado y condenado a prisión recientemente. A día de hoy, sigue estando orgulloso de su carrera como militante de ultraderecha.

El 16 de marzo de 1978, las Brigadas Rojas secuestraron a Aldo Moro. Para localizar el escondite en el que estaba retenido el político, la policía se puso en contacto con la camorra napolitana de Raffaele Cutolo quien, a su vez, preguntó a Nicolino Selis, su hombre de confianza en la zona de Ostia. Selis tenía claro que, si alguien podía saber lo que estaba sucediendo en Roma, era Giuseppucci y sus muchachos. A ellos recurrió.

Aunque el político estaba oculto en un apartamento del barrio de la Magliana, nadie fue capaz de aportar alguna prueba. Semanas después, Moro fue asesinado. El hecho, además de sacudir a la sociedad italiana, fue todo un terremoto para la organización que, sin haberlo buscado, comenzó a relacionarse con los organismos más perversos y oscuros del Estado italiano.

En diferentes ocasiones, Franco Giuseppucci se había declarado fascista. En su casa abundaba la memorabilia mussoliniana y no era un secreto su admiración por Benito. Sin embargo, los vínculos de Giuseppucci y la extrema derecha no eran únicamente sentimentales.

El líder de la Magliana blanqueaba el dinero que Massimo Carminati, miembro del grupo terrorista de extrema derecha Núcleos Armados Revolucionarios (NAR), obtenía de los robos que realizaba para financiarse. Además, los arsenales de la Magliana y los del NAR se guardaban conjuntamente en una oficina del Ministerio de Sanidad en el barrio del EUR.

Algunas de esas armas y explosivos serían utilizados posteriormente para cometer la masacre de la estación de Bolonia de 1980, por la cual serían condenados Carminati, Licio Gelli y varios miembros de los servicios secretos italianos.

Fabiola Moretti, novia de Danilo Abbruciati, otro de los jefes de la Magliana, siempre desconfió de ese tipo de alianzas. Según ella, criada en un ambiente obrero y humilde de Roma, «nosotros cometíamos determinadas acciones porque necesitábamos vivir y no conocíamos otro modo de vida que ese. Massimo Carminati y los fascistas como él cometían los mismos actos por gusto, por fanatismo ideológico y ni siquiera conseguían dinero. El principal interés era la ideología».

A la gloria de GADU

El vínculo con la masonería era otro tema controvertido dentro de la Magliana. Antonio Mancini, alias *Accatone*, sospechaba que tanto él como la banda podían haber sido instrumentalizados por las altas esferas del poder, entre ellas la logia Propaganda Dos, aunque por entonces nadie sabía la dimensión de dicha organización.

Según declaraciones de Mancini ante el juez, «Angelo De Angelis me decía que formaba parte de un grupo masónico de Roma que le daba protección tanto policial como judicial. Cuando me lo contó, le creí porque era una persona de una ingenuidad tal, que no hubiera podido construir esa historia de no haber sido cierta».

Danilo Abbruciati, alias *Er Camaleonte*.

A pesar de esa protección policial y judicial, los miembros de la Magliana estaban expuestos a innumerables peligros. El 13 de septiembre de 1980, Franco Giuseppucci fue asesinado por un par de pistoleros. Su sucesor al mando de la Banda de la Magliana fue Mauricio Abbatino, cuya primera decisión fue vengar la muerte del amigo.

En las siguientes semanas se sucedieron los asesinatos, muchos de los cuales tuvieron como víctimas a personas a las que se mató por accidente o por manejar información no contrastada. Un hecho que hubiera podido despertar las sospechas de la policía pero que provocó el efecto contrario: los móviles eran tan difíciles de determinar, que nadie pensó que detrás de esos crímenes había un mismo responsable y una única explicación.

Uno de vosotros me traicionará

La muerte de Giuseppucci excitó en algunos miembros de la Magliana los deseos de poder. Nicolino Selis, por ejemplo, consideró que Ostia se le había quedado pequeña y pensó anexionarse todo el área metropolitana con la ayuda de sus contactos de la camorra napolitana. Para ello, comenzó a actuar en solitario, sin informar a Abbatino, al que no dudó hurtar cantidades considerables de droga para venderlas por su parte.

La actitud de Selis agotó la paciencia de los miembros de la Magliana, que decidieron matarlo. El cadáver no ha sido encontrado hasta la fecha pero lo importante es que, con Selis fuera de escena, la Magliana recuperó cierto equilibrio de poder, a pesar de las notables divergencias de intereses en el seno de la organización.

Mauricio Abbatino, alias *Crispino*. Pelazo de jefe.

Mientras que Abbatino pretendía continuar en el negocio de la droga, Enrico De Pedis y Danilo Abbruciati, dos de los responsables de la zona de Testacio, preferían tender lazos con otras organizaciones criminales, la clase política y la oligarquía del país. Con ello pretendían, además de multiplicar las ganancias, blindarse ante la policía y los jueces.

Una de esas alianzas tenía como interlocutor a Pippo Calò, tesorero de la Cosa Nostra, algunos de cuyos miembros habían sido estafados por Roberto Calvi en el escándalo del Banco Ambrosiano. Para intentar reflotar la entidad financiera, Calvi había pedido a Roberto Rosone, vicepresidente del banco, que avalase unos créditos que, según él, permitirían devolver parte del dinero invertido a, por ejemplo, Pippo Calò. Rosone se negó y la Cosa Nostra decidió eliminarlo. Para ello, recurrió a Abbruciati y De Pedis.

Danilo Abbruciati se trasladó de Roma a Milán sin comunicárselo al resto de la banda salvo a De Pedis. A primera hora de la mañana del 27 de abril de 1982, se apostó en la puerta de la casa de Rosone y esperó a que saliera. Cuando lo hizo, lo acribilló a balazos. Convencido de que lo había matado, continuó caminando sin reparar que del edificio también salía uno de los escoltas del banquero, que le disparó por la espalda y lo dejó muerto en la acera.

No hay ladrón que por bien no venga

Aunque finalmente Rosone no murió, el aprecio de la Cosa Nostra y destacados miembros del Vaticano por la facción de De Pedis continuó en ascenso. A diferencia de Abbatino y otros miembros de la Magliana, De Pedis no desentonaba entre la alta sociedad. No bebía ni consumía drogas –al menos no en las cantidades del resto de sus camaradas–, no frecuentaba prostitutas, le gustaba vestir elegante, coleccionaba coches de época y se había empezado a interesar por el arte.

Enrico De Pedis. Imposible resistirse a esa seductora mirada. Más aún sabiendo que lleva pistola.

De este modo, cuando miembros del Vaticano, entre los que se encontraba el cardenal Marcinkus, necesitaron pasar a la acción para intentar recuperar algo del dinero perdido en la *Banca Ambrosiana*, también recurrieron a De Pedis. En pago a los servicios prestados, el pistolero obtuvo el permiso para ser enterrado en la basílica romana de San Apolinar.

Con tanta actividad, era cuestión de tiempo que las actividades de la Magliana llamaran la atención de las autoridades italianas. Primero encontraron el arsenal guardado en el Ministerio de Sanidad del EUR. Después, ataron cabos. El resultado final arrojó un saldo de más de sesenta personas detenidas, muchas de las cuales fueron encarceladas.

Finocchio el último

Estos chicos de mala vida, que en un principio se mostraron fuertes y cohesionados, pronto empezaron a desconfiar entre sí. Algunos colaboraron con la policía y otros, como Abbatino, consiguieron burlar a las autoridades. Tras inyectarse sangre infectada de un enfermo, logró ser trasladado a un hospital penitenciario y eximido de acudir a la sala de vistas durante el juicio.

A principios de los noventa, la Banda de la Magliana estaba, a efectos reales, desarticulada. Tal vez fuera porque sus métodos eran demasiado toscos en una Italia acostumbrada ya al delito de cuello blanco. Tal vez porque sus servicios ya no eran útiles a determinados poderes o porque estos poderes, como sucedió con Licio Gelli, ya no jugaban el mismo papel desestabilizador que habían desarrollado en el pasado. Lo cierto es que las pocas piezas del puzle que quedaban por montar, se fueron colocando en los años posteriores.

Abbatino logró escapar a Venezuela. Para intentar conocer su paradero, la facción de De Pedis asesinó a su hermano. En venganza, Abbatino, que había sido detenido por Interpol en Caracas y devuelto a Italia, ordenó asesinar a De Pedis. La orden se cumplió a plena luz del día y en el mismo centro de Roma.

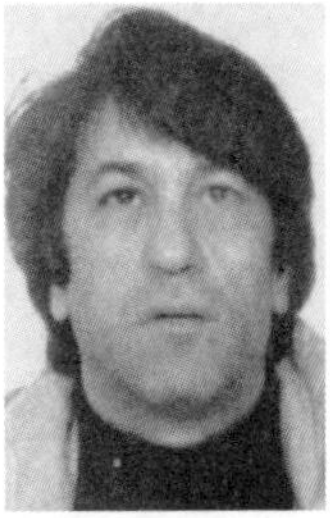

Antonio Mancini, más conocido como *Accatone* porque, según él, era un ávido lector de Pier Paolo Passolini. Según él.

Los demás miembros de la banda fueron sentenciados a penas que oscilaron entre diez y veinte años de cárcel. Algunos vieron sus condenas reducidas tras colaborar con la justicia. Entre ellos, Antonio Mancini, que siempre había tenido a gala no haber colaborado con las fuerzas de seguridad hasta que, a la luz de los procesos judiciales, comprendió muchas de las cosas que no había entendido en todo el tiempo que había formado parte de la Magliana.

«Mi decisión se debe a la sensación de disgusto, incluso diría de náusea, que me ha suscitado el enterarme de que yo, como otros miembros de la Banda de la Magliana, habíamos sido usados, instrumentalizados con fines de baja política que nunca tuvieron que ver con nuestros intereses ni con nuestros objetivos» —declaró en sede judicial—. «No quiero afirmar con esto que haya sido un santo, pero hay un límite para todo, incluso para la delincuencia».

Mancini camina ahora por las calles de Roma, la ciudad que un día fue suya y en la que desarrolla labores de voluntariado en una asociación dedicada al cuidado de personas con discapacidad.

Emanuela Orlandi é scomparsa

Emanuela Orlandi.
15 años.
1,60 metros de altura.
En el momento de la desaparición tenía el cabello largo, negro y liso.
Vestía pantalones vaqueros, camisa blanca y zapatillas de deporte.
No se tienen noticias de ella desde las 19 horas del miércoles 22 de junio de 1983.
Si alguien tiene información útil al respecto, se ruega se comunique en el número de teléfono 69.84.982.

Más de treinta años después de que sus padres y familiares empapelaran Roma con carteles con su foto y descripción, no hay noticias de Emanuela Orlandi. Ni siquiera ha sido posible determinar la fecha de su muerte, si es que está muerta. Su cuerpo nunca fue recuperado.

Emanuela Orlandi era la tercera de cuatro hermanos. Su familia vivía en Ciudad del Vaticano. Como cualquier chica de su edad, por la mañana asistía al instituto. Las tardes las dedicaba a clases de solfeo, piano, flauta travesera y canto. A la salida de una de estas clases, se le perdió la pista. Emanuela regresaba a casa en autobús junto a dos compañeras. Ellas se bajaron en la parada anterior a la suya. No la volvieron a ver.

En el autobús, Emanuela les comentó que había recibido una oferta de trabajo como promotora de productos cosméticos. Un trabajo de pocas horas para una empresa que, cuando comenzaron las investigaciones, declaró a la policía no haber hecho nunca una oferta semejante.

El de Emanuela pintaba como el típico caso de abusos sexuales y en esa dirección se orientaron las investigaciones. Sin embargo, en la Italia de los 70 y 80 todo era más complicado de lo que parecía.

Tras denunciar la desaparición ante la policía y publicar anuncios en diferentes periódicos reclamando información sobre la niña, la familia comenzó a recibir llamadas que afirmaban haber visto a la muchacha acompañada de un hombre y de otras chicas que vendían cosméticos por la calle. Esos informantes también sostenían que la muchacha estaba bien, que se había marchado de casa por voluntad propia, e incluso aportaban datos ciertos sobre ella, como que tocaba la flauta o que sufría un leve astigmatismo.

El cardenal Paul Marcinkus, responsable del Instituto para las Obras de Religión, fue señalado como *el Americano* que se comunicó con la familia Orlandi. Había nacido en Illinois. Seguro que era coincidencia.

Ante semejantes datos, la policía cambió la dirección de sus pesquisas. Lo que en un primer momento parecía ser un clásico caso de abusos sexuales, al final se revelaba como una típica aventura adolescente. El único problema, ya saben, era que en la Italia de los 70 y 80 todo era un poco más complicado.

El 3 de julio de 1983, durante el ángelus en la Plaza de San Pedro, el papa Juan Pablo II realizó un llamamiento expreso «a los que tienen en su poder a Emanuela Orlandi para que la liberen». La hipótesis del secuestro, no barajada hasta entonces, se abrió como se abre la puerta santa en año jubilar. Nunca hasta entonces la desaparición de la niña se había calificado como tal. El primero en utilizar el término había sido el sumo pontífice, un señor que es considerado infalible.

A partir de entonces, la familia fue contactada por una persona con acento anglosajón al que las autoridades policiales y la prensa inmediatamente llamaron *el Americano*. Este personaje decía tener en su poder a Emanuela, a la que no liberaría hasta que Ali Agca, el hombre que había atentado contra el papa unos meses antes, saliera de prisión.

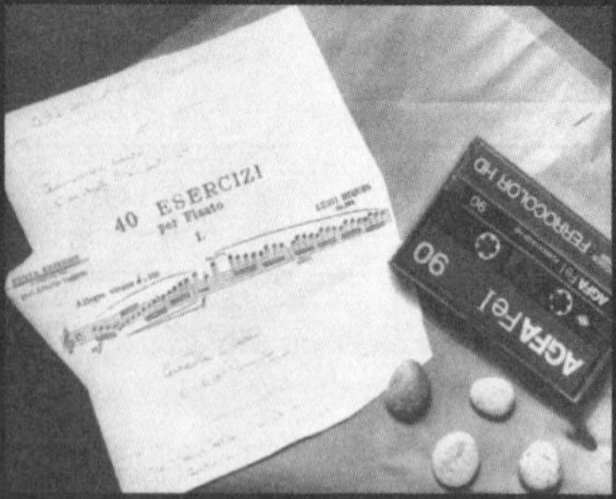

Algunas de las pertenencias de Emanuela Orlandi que los secuestradores hicieron llegar a la familia. Entre ellas se encontraban piedras, como en el caso Calvi. A lo mejor esto último era una pista.

Durante los siguientes días, la familia, miembros de la curia vaticana e incluso las amigas de la escuela de música de Emanuela recibieron una veintena de llamadas realizadas desde cabinas de teléfono públicas. En algunas de estas comunicaciones, los supuestos captores reprodujeron cintas de casete en las que se escuchaba la voz de una chica. Aunque *el Americano* y los otros interlocutores afirmaban que la voz era la de Emanuela, en al menos uno de los casos, se pudo probar que la voz procedía de una película emitida recientemente por televisión.

A través de esas comunicaciones, la familia, amigos y miembros del Vaticano recibieron mensajes confusos que, además de a Ali Agca, hacían referencia al secretario de Estado Agostino Casaroli, el cardenal Giovanni Battista Re o el cardenal Marcinkus. Demasiada gente y demasiado importante para un caso de desaparición voluntaria o unos abusos sexuales contra una adolescente elegida al azar.

No tardaron en surgir nuevas hipótesis. Una de ellas vinculaba la desaparición de Emanuela con el caso Calvi, el Banco Ambrosiano, la logia Propaganda Dos de Licio Gelli y el Instituto para las Obras de Religión, del que era responsable el cardenal Marcinkus que, según algunas fuentes, sería la verdadera identidad de *el Americano*.

Según esa hipótesis, Marcinkus habría ordenado el asesinato de Emanuela a Enrico De Pedis, uno de los jefes de la Banda de la Magliana, para vengarse de las pérdidas que el entorno de Roberto Calvi —entre cuyos conocidos estaba el padre de Emanuela—, había causado en el Instituto para las Obras de Religión (IOR). Un trabajo que habría sido recompensado autorizando a De Pedis a ser enterrado en la basílica de San Apolinar de Roma.

También se manejó la hipótesis que afirmaba que Emanuela Orlandi habría sido raptada y obligada a participar en una orgía de sexo y drogas en la que habrían intervenido importantes miembros de la curia vaticana. En un momento dado, Emanuela habría muerto, lo que obligó a sus captores a deshacerse del cadáver, para lo cual habrían recurrido a un miembro de la Banda de la Magliana. Esto también explicaría por qué De Pedis está enterrado en la basílica de San Apolinar.

Antonio Mancini, uno de los miembros más destacados de la Banda de la Magliana, declaró que el secuestro de la chica había sido obra de ellos. Sin embargo, negaba que el móvil fuera presionar a Calvi, sino para extorsionar al Vaticano. La intención era recuperar una importante suma de dinero que él y sus amigos habían invertido en el Instituto para las Obras de Religión y que se había esfumado con la quiebra del Banco Ambrosiano.

Sea esto cierto o no, Mancini nunca ha aclarado qué pasó con Emanuela. En respuesta a un periodista que le formuló esta pregunta se limitó a decir: «Después del tiempo transcurrido sin tener noticias de ella, ¿a usted le parece que sigue viva?». Lo más probable es que no. Sin embargo, en el año 2011, coincidiendo con la publicación del libro *Mi hermana Emanuela* de Pietro Orlandi, un hombre llamó en directo a la cadena RomaUno. Esta persona, que afirmó ser un exagente de los servicios secretos italianos, declaró que Emanuela estaba viva. Según su testimonio, la chica, que contaría ya 43 años, se encontraba internada en un manicomio en Inglaterra donde permanecía constantemente sedada. No era verdad.

Siete años después, una carta anónima informó a la familia de que la joven estaba enterrada en el Cementerio Teutónico del Vaticano. Tras obtener el permiso papal, en julio de 2019 se abrió la tumba en cuestión pero no se encontró cuerpo alguno. Ni el de Orlandi ni el de Sophie von Hohenlohe que es quien, según la lápida, reposa allí.

Nacido en Roma el 14 de enero de 1919 en el seno de una
cuando él contaba dos años. / Criado por su madre y su tía
la muerte de su hermana y alguna que otra chiquillada. / A
tras ayudaban en misa. / Compaginó sus estudios de derech
Católica, primero como director de su revista y, posteriorment
dista le permitió colaborar con la *Rivista del Lavoro*, publicac
clandestina durante el gobierno de Mussolini. / Fue elegido
la Segunda Guerra Mundial, participó en la Asamblea Constit

elegido miem- bro de la Cámara
política. / Os- tentó la cartera del
de Defensa y la presidencia del Co
labor política no tardó en estar b
dalo financiero Giuffrè. / A este s
Secreto italia- no había realizado
Gelli, a pesar de que Andreotti e
en el golpe de Estado Piano Solo,
CIA, la OTAN y Gladio. / Este hec
Ministro de Ita- lia, cargo al que re
también como Primer Ministro, se
jas para liberar con vida a su com
independientemente del partido que estuviera en el poder, e
del socialista Bettino Craxi. / Haciendo uso de información
bombardeada por EEUU en represalia a un atentado cometic
1989 fue nuevamente nombrado primer ministro y, un año ma
dio. / Esa revelación tampoco impidió que fuera nombrado s
estallido del escándalo Tangentopoli, que lo vinculó a la mafia
del líder de la Democracia Cristiana de Sicilia, Piersanti Matt
nes con la mafia. / En 2001 fue sentenciado a 24 años de ca
estuvo vinculado con Cosa Nostra hasta 1980. / Poco despu
de 1980. / En consecuencia, fue absuelto del asesinato de
en 1980. / En 2004, fue absuelto del resto de delitos que se
lle y sin sobresaltos. / Falleció en Roma el 6 de mayo de 20
periodista John Hopper de *The Guardian* «En unos años, nad

ta familia católica. / Apenas conoció a su padre, que falleció
o de su infancia transcurrió sin mayores contratiempos, salvo
pañero que se mofó de él, le apagó una vela en un ojo mien-
equeños trabajos y la militancia en la Federación Universitaria
presidente de la organización. / Esa experiencia como perio-
propaganda fascista, y con el periódico *Il Popolo*, publicación
o del Consejo Nacional de Democracia Cristiana y, al finalizar
encargada de redactar una nueva constitución. / En 1948 fue
utados y, a partir de entonces, iniciaría su meteórica carrera
erio del Interior, la del Ministerio de Finanzas, la del Ministerio
rganizador de los Juegos Olímpicos de Roma de 1960. / Su
pecha y, en 1958, su nombre apareció mezclado en el escán-
poco después, el escándalo por los informes que el Servicio
rsas personalidades del país y que acabaron en manos de Licio
ncargado de su total destrucción. / También estuvo implicado
en 1964 por el Servicio Secreto de las Fuerzas Armadas, la
ue inconveniente para que, en 1972, fuera nombrado Primer
en 1973 y que obtendría nuevamente en 1976. / En 1978,
entablar cualquier tipo de negociación con las Brigadas Ro-
de partido, Aldo Moro. / Siempre vinculado a la alta política,
fue nombrado ministro de Asuntos Exteriores en el gobierno
iada, comunicó a Libia que el 15 de abril de 1986 iba a ser
na discoteca de Berlín. / Lejos de ser censurado por ello, en
, reconoció en sede parlamentaria la existencia de la red Gla-
vitalicio. / Dicho cargo le serviría de blindaje judicial tras el
erentes crímenes, como el asesinato de Carmine Pecorelli o el
/ En 1999 fue absuelto en primera instancia por sus relacio-
r el crimen de Pecorelli. / En 2003 se confirmó que Andreotti
tribunal lo absolvió de todos aquellos delitos fechados antes
li, cometido en 1979. / También del de Mattarella, cometido
utaban. / Disfrutó durante sus últimos años de una vida mue-
leses antes había declarado al
ecordará». / Humor ante todo.

Giulio Andreotti

Mino Pecorelli

El hombre que sabía demasiado

El periodista y editor de *Observatorio Político*, Carmine *Mino* Pecorelli, al volante de su automóvil, momentos antes de comenzar una larga e intensa jornada laboral.

Casi cuarenta años después del asesinato de Carmine *Mino* Pecorelli, resulta imposible determinar quién o quiénes fueron los autores materiales del hecho o sus instigadores. Entre los nombres que se han barajado en todo este tiempo, se encuentran los de Giulio Andreotti, Licio Gelli, el ultraderechista Massimo Carminati, el capo de Cosa Nostra, Gaetano Baladamenti *don Tano*, o el tesorero de esa organización, Pippo Calò. Sin embargo, el centenar de procesos judiciales derivados del caso y las correspondientes apelaciones se resolvieron siempre con la absolución de los implicados.

Abogado de profesión –actividad que abandonaría para fundar la agencia de noticias *Osservatorio Politico* (*Observatorio Político*), que posteriormente se convertiría en cabecera de revista–, Pecorelli tenía importantes informadores dentro de las altas instituciones del Estado, como el general Romolo Dalla Chiesa, el jefe del servicio secreto del Ejército Vito Miceli, y varios miembros de la logia Propaganda Dos, de la que él también era afiliado.

La fiabilidad de las fuentes de Pecorelli se demostró durante el secuestro de Aldo Moro. *Observatorio Político* fue la primera publicación en afirmar que el comunicado número 7 de las Brigadas Rojas, en el que se afirmaba que el cadáver del político democristiano estaba en el fondo del lago de la Duchessa, era falso.

También supo que el ministro del Interior Francesco Cossiga conocía el lugar donde estaba recluido Moro e incluso publicó algunas de las cartas que este había enviado a su familia durante el cautiverio. Este acceso a los documentos de Moro podría haber revelado a Pecorelli hechos que afectaban a las carreras de altas personalidades de la política italiana. Por ejemplo, la existencia de la red Gladio, el conocimiento de la misma por parte de Giulio Andreotti y el papel que, por acción u omisión, habría jugado este político para que el secuestro de su rival en la Democracia Cristiana acabase trágicamente.

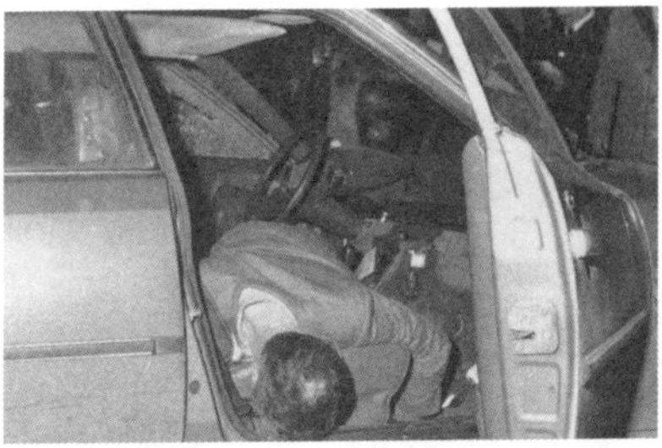

Karoshi es la palabra japonesa para definir la muerte por exceso de trabajo. Hay que saber parar antes de que las responsabilidades laborales pasen factura. Tampoco es mala idea no molestar mucho a los malos.

Sea como fuere, el hecho es que el 20 de marzo de 1979, a pocos metros de la redacción de OP, Pecorelli fue sorprendido por una persona que le descerrajó cuatro disparos dentro de su automóvil. La marca de la munición, Gevelot, y el calibre de la misma, 7.65, no eran muy frecuentes.

Esos datos permitieron a los investigadores relacionar el hecho con el arsenal de la Banda de la Magliana que se encontró posteriormente almacenado en el Ministerio de Sanidad del EUR. Un detalle que, lejos de aclarar el asunto Pecorelli, lo enturbiaba un poco más.

Wilma Montesi

El zafarrancho aquel de Via Tagliamento

Adriana Bisaccia. Joven, bohemia, actriz, y con un novio morfinómano. Cuando los medios quisieron cuestionar su testimonio en el juicio por la muerte de Wilma Montesi, lo tuvieron fácil.

La tarde del 9 de abril de 1953, Wilma Montesi salió de su casa en el número 76 de la Via Tagliamento en Roma. Tenía 21 años y, como todas las muchachas de su edad, disfrutaba de pasear con las amigas e ir al cine. Esa tarde, sin embargo, no le gustó la película que sus amigas deseaban ver y decidió hacer planes por su cuenta. Dos días más tarde, su cadáver apareció en la playa de Vainaca, a más de veinte kilómetros de la ciudad. El cuerpo estaba semi desnudo, sin falda, ni medias, ni ligas, ni zapatos.

Las investigaciones policiales lograron localizar a una mujer que afirmó haber visto a la muchacha el día de su desaparición, a eso de las 17:30, en el tren que une Roma con la localidad costera de Ostia. No era extraño que Wilma decidiese ir a la playa. Desde hacía unas semanas tenía una herida en el talón para la cual le habían recomendado baños de agua salada. Lo más probable es

que se estuviera remojando los pies en la orilla del mar, se desvaneciese y se ahogase. Que apareciera el cadáver en Vainaca y no en Ostia se achacó a las corrientes marinas. Ni siquiera se abrió un procedimiento judicial. La autopsia concluyó que la muerte había sido un lamentable accidente. Hay gente que tiene mala suerte. Eso es todo.

Pocos días después, un semanario publicó una viñeta humorística. En ella aparecía una paloma que llevaba en su pico una liga de mujer. Nadie entendió el chiste, salvo quien tenía que entenderlo: Attilio Piccioni*, ministro de Asuntos Exteriores de la República italiana y miembro destacado de la Democracia Cristiana.

«Tras estudiar las corrientes marinas, he comprobado que una botella lanzada desde aquí podría arribar a las costas de Filipinas. Por lo tanto, como perito de la defensa, puedo asegurar que Wilma Montesi murió en un punto entre Indochina, Brunei y Malasia».

La sociedad italiana, ajena a esos mensajes crípticos, casi se había olvidado de la joven Wilma. Sin embargo, en octubre de 1953, volvió a acordarse de ella. El periodista Silvano Muto publicó en su revista *Attualità* que la muerte de la muchacha no había sido un accidente, sino un asesinato cometido por importantes miembros de la sociedad italiana enredados en el tráfico de drogas, contrabando, prostitución, corrupción inmobiliaria y otras actividades fuera de la ley.

La versión de *Attualità* fue pronto ratificada por Adriana Bisaccia –joven de vida bohemia aspirante a actriz– y Ana María Caglio –hija de la alta sociedad milanesa y muy bien relacionada con la alta sociedad romana–. Según estas dos mujeres, Wilma Montesi había sido víctima de una red de contrabando de tabaco, estupefacientes y trata de blancas que organizaba orgías en una casa de campo propiedad de Ugo Montag-

**Piccioni* significa palomas en italiano.

na, marqués y Caballero del Santo Sepulcro. En ellas también participaba Piero Piccioni, hijo del ministro de Asuntos Exteriores. En una de esas reuniones y tras ingerir diversas drogas, Montesi comenzó a sentirse mal. Ante el riesgo de que muriera en la propiedad, fue llevada en un automóvil hasta la playa y arrojada al mar.

Cuando Ana María Caglio fue preguntada sobre cómo conocía esa información, declaró que Ugo Montagna había sido su novio y que había sido testigo de las gestiones que él y Piccioni habían desarrollado, recurriendo incluso a responsables del Ministerio del Interior y la policía, para ocultar todo rastro del delito. Ante semejantes revelaciones, la justicia italiana no tuvo más remedio que tomar cartas en el asunto y abrir diligencias. ¿Contra Montagna? ¿Contra Piccioni? No. Contra Silvano Muto, por difundir informaciones falsas.

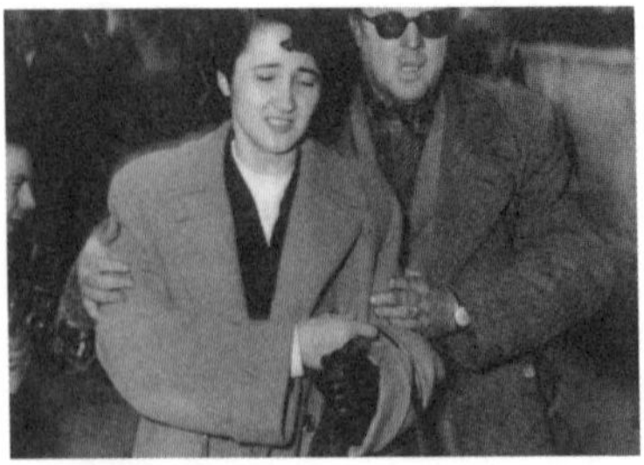

Aunque tu exnovio esté acusado de la muerte de Wilma Montesi, tenga vínculos con el narcotráfico, la prostitución y haya intentado envenenarte, toda ruptura es dolorosa. Que se lo digan a Ana María Caglio.

Los medios de comunicación no tardaron en hacerse eco de la noticia pero, en lugar de mantener la cautela, optaron por ensañarse con el periodista y las testigos en una inusual campaña de difamación destinada a archivar el caso por todos los medios. Esa estrategia alcanzaría su máxima expresión con la portada del *Il Messagero*, diario cercano a la Democracia Cristiana, en la que aparecía el titular: «Solo Dios sabe cómo murió realmente Wilma Montesi». A Dios lo que es de Dios. Caso cerrado.

No obstante, a lo largo del procedimiento se conocieron multitud de irregularidades. Por ejemplo, que Caglio ya había referido a las autoridades las gestiones de Montagna y Piccioni ante el Ministerio del Interior, dato que se había eliminado de la causa. La mujer también habría declarado que, a raíz de descubrir la implicación de su novio en el asunto, había sufrido varios intentos de asesinato por su parte, entre ellos un envenenamiento. Lejos de recibir el amparo de la justicia, los abogados de la defensa y la fiscalía se mofaron de ella, comentando que esas afirmaciones eran más propias de una novela de espionaje que de la Italia de los 50.

La realidad era que la Italia de los 50 superaba con mucho cualquier novela de misterio. Sin ir más lejos, el 12 de mayo de 1954, Roma apareció empapelada con carteles en los que se reproducía un informe realizado por Umberto Pompei, coronel de carabineros, que había decidido investigar el caso por su cuenta, al margen del cuerpo policial responsable del mismo.

En esos afiches se detallaba, entre otras cosas, el turbio pasado de Ugo Montagna, confidente de la policía fascista y organizador de fiestas para los oficiales nazis durante la ocupación. Una actividad que continuaría realizando sin sobresaltos tras la liberación, solo que para los oficiales aliados. Pompei afirmaba también que las fuentes de ingresos de Montagna eran múltiples, difíciles de determinar y, si bien no podía asegurar que se dedicase al tráfico de estupefacientes, de lo que no había duda era de que la droga, que nunca faltaba en su casa, era consumida por sus invitados con generosidad.

Piero Piccioni y Ugo Montagna, sin una sola mancha. Ni en sus trajes ni en su prontuario.

Para enturbiar más el asunto, el juez recibió una carta de Ana María Caglio que ratificaba algunos de los descubrimientos de Pompei sobre Montagna. Entre ellos, que sí era miembro de una banda de narcotraficantes, a la vez que arrojaba una acusación aún más grave: además de Montesi había otras mujeres asesinadas. En todos los casos, los responsables eran Montagna y Piccioni Jr.

El escándalo alcanzó tal magnitud, que la ciudadanía se echó a la calle para pedir justicia.

Acorralado, Montagna amenazó con dar los nombres de los políticos que frecuentaban sus fiestas y el ministro de Asuntos Exteriores, Attilio Piccioni, presentó su dimisión, que no fue aceptada. La grave situación, que estuvo a punto de hacer caer al gobierno de la República, hizo que los jueces decidieran cerrar el caso Muto y abrir un nuevo sumario en el que Piero Piccioni, Ugo Montagna y Saverio Polito, jefe de la policía de Roma, fueron acusados de asesinato y complicidad.

A pesar de que las autoridades decidieron celebrar el proceso en Venecia, una de las ciudades menos conflictivas del país y en la que la gente no acostumbra a salir a protestar a las calles por motivos evidentes, el juicio fue una sucesión de actos y declaraciones delirantes, destinadas a desprestigiar a los testigos, enfangar a la víctima y contaminar las pruebas.

Para probar su vida depravada, se aportaron al procedimiento unas cartas de Wilma Montesi de tórrido contenido. En realidad habían sido escritas por este cura tan simpático.

Por la sala de vistas pasaron personajes estrafalarios, como un mago que afirmó que Wilma Montesi y los acusados habían ido a su gabinete de adivinación meses después de que los periódicos hubieran publicado la aparición del cadáver de la muchacha. También testificó un sacerdote católico que había falsificado cartas de Montesi en las que se mezclaban párrafos de romanticismo meloso con otros de sexo tórrido. Unas cartas impropias de una joven modosa y más aún de un pastor de Dios. Tampoco faltó un tío de la víctima de vida disoluta y sobre el que la defensa afirmó que mantenía relaciones sexuales con la chica. Por su parte, los padres de la nena decidieron engrosar su cuenta corriente compartiendo con periódicos y revistas ilustradas anécdotas e intimidades de Wilma. De este modo, el proceso se convirtió en tal despropósito, que el tribunal no tuvo mucha dificultad en declarar a Piccioni inocente del cargo de asesinato, decisión que, automáticamente, absolvía a Montagna y Polito como cómplices.

La sentencia puso fin al caso Montesi. No se continuaron las investigaciones y, hasta hoy, nadie ha sido condenado por la muerte de la joven. Solo una persona supo sacar rédito de semejante embrollo: Giulio Andreotti. El político italiano, que se disputaba por entonces el control de la Democracia Cristiana con Attilio Piccioni, aprovechó la coyuntura para cargar contra él. El ministro de Asuntos Exteriores se vio obligado a presentar de nuevo su dimisión como ministro que, esta vez sí, fue aceptada, y a renunciar a todo cargo de responsabilidad en el partido. Tras librarse de Piccioni, Andreotti comenzó una labor de desgaste contra otro de sus rivales, Amintore Fanfani, primer ministro de Italia y Secretario Nacional de la DC. Después de Fanfani le llegó el turno a Aldo Moro, otro de los escollos de Andreotti para sus ambiciones de poder.

«Bueno, y ahora que nos han absuelto a todos, ¿qué tal si vamos a celebrarlo como es debido? Esta fiesta sí que va a hacer historia».

Terrorismo negro

Durante tres décadas actuaron en Italia grupos de ultraderecha que emplearon la acción directa para provocar el terror entre la población.

Organizaciones como *Ordine Nero*, *Ordine Nuovo*, Vanguardia Nacional, Rosa de los Vientos, Frente Nacional Revolucionario, Movimiento de Acción Revolucionaria, Escuadra de Acción Mussolini, Movimiento Revolucionario Popular o los Núcleos Armados Revolucionarios de Massimo Carminati. En sus apenas cuatro años de actividad, esta última organización cometió una treintena larga de homicidios a los que hay de sumar los más de ochenta muertos de la masacre de la estación de Bolonia.

La investigación de este atentado desveló que, más allá de sus vínculos naturales con el Movimiento Social Italiano, los grupos terroristas de ultraderecha tenían muy buenas relaciones con las altas esferas del Estado. De repente, atentados como los de Piazza Fontana, Peteano, Piazza della Loggia o el tren Italicus, cobraron un nuevo significado. No solo no estaban realizados por grupos de extrema izquierda –como se quiso hacer creer con el atentado de la *Banca Nazionale dell'Agricoltura* de Milán–, sino que formaban parte de una estrategia internacional urdida por los servicios secretos italianos, la CIA y la OTAN.

Esta connivencia por parte de las autoridades internacionales permitió que destacados terroristas de ultraderecha operaran fuera de Italia y encontrasen amparo en otros países. Carlo Cicuttini, implicado en Peteano, participó también en la matanza de los abogados de Atocha de 1977. Otros de sus camaradas, como Stefano Delle Chiaie –fallecido en septiembre de 2019 en su domicilio de Roma–, estuvieron relacionados con los sucesos de Montejurra, donde fallecieron dos personas y varias resultaron heridas.

A pesar de que muchos de estos militantes fascistas acabaron en prisión, nunca abandonaron las cloacas del Estado. En diversas ocasiones se han mostrado orgullosos de su papel en los años de plomo y de algunos de ellos se podría afirmar que continúan en activo.

Massimo Carminati, por ejemplo, está actualmente en prisión después de liderar durante años Mafia Capital. Entre las numerosas y variadas acciones realizadas por esta organización criminal se encuentra un atraco que, en el año 1999, desvalijó 147 cajas de las 900 existentes en la sucursal de la *Banca di Roma* ubicada en el edificio del Palacio de Justicia. Carminati sabía bien lo que buscaba allí. Además de nueve millones de euros, se llevó documentos sensibles que magistrados, abogados, policías y empresarios guardaban en esas cajas. Ninguno denunció el robo y, durante varios años, las causas pendientes contra él fueron archivadas.

COMO EN CASA, EN NINGÚN SITIO

Volumen 4
MMXIX

VILLA WANDA

Giangiacomo Feltrinelli fue un empresario, militante y político italiano afín al movimiento comunista. En su faceta de empresario, fundó la exitosa editorial Feltrinelli; en la de militante, los Grupos de Acción Partisana (GAP) de los que llegó a ser comandante.

Giangiacomo Feltrinelli

Nacido en una de las más importantes familias italianas, Giangiacomo pasó su infancia y juventud en villa Feltrinelli, situada en el municipio de Saló. Cuando Benito Mussolini se retiró al norte del país y fundó, con ayuda de la *Wehrmacht* y las *Waffen ss*, la fascista República Social Italiana —más conocida como República de Saló—, el Duce se apropió de la mansión Feltrinelli para su uso y disfrute.

«Por favor, llámame Osvaldo, que hay confianza».

Finalizada la contienda, ingresó en el Partido Comunista Italiano y, en 1954, fundó Feltrinelli Editore, que publicaría títulos como *Doctor Zhivago* de Pasternak, *El gatopardo* de Lampedusa, los trópicos de Miller y textos de teoría política como los diarios de Ernesto *Che* Guevara, los libros de Franz Fanon, ensayos de Ho Chi Minh, *Revolución en la revolución* de Régis Debray y textos de guerrilla urbana como *I Tupamaros. La guerriglia urbana in Uruguay* o el clásico *La guerriglia in Italia. Documenti della resistenza militare italiana.*

Aunque militaba y ayudaba económicamente al Partido Comunista Italiano (PCI), Feltrinelli comenzó a madurar la idea de que la única vía de lograr un verdadero cambio social en Italia era por la fuerza. De esta forma, en 1970, en plena escalada de la estrategia de la tensión provocada por el atentado de Piazza Fontana, creó su propia banda armada: los Grupos de Acción Partisana (GAP).

En esa época eran varias las organizaciones que empleaban la acción directa para canalizar sus reclamos. Organizaciones como Lucha Operaria, Poder Operario, Autonomía Operaria o Lucha Continua, que se colocaban a la izquierda del Partido Comunista y cuyos miembros se planteaban dar un paso más allá y emprender la lucha armada.

Giangiacomo Feltrinelli entró en contacto con varios de ellos. Por ejemplo, Alberto Franceschini y Renato Curcio, fundadores de las Brigadas Rojas, aunque la desconfianza entre los tres imposibilitó toda colaboración. «Renato y yo –recordaría Franceschini posteriormente– nos encontrábamos con él todas las semanas [...]. Debíamos fingir que no sabíamos que era Feltrinelli; para nosotros tenía que ser *Osvaldo*, un militante del GAP, aunque ya le conocíamos de la época de Trento». Para no perder su autonomía como organización, Franceschini y Curcio ni siquiera aceptaron su oferta de financiación.

Mucha gente suele decir que, si fuera millonaria, se dedicaría a no hacer nada. Feltrinelli no era de ese tipo de ricos.

Pocos meses después de la fundación del GAP, Feltrinelli decidió pasar a la clandestinidad, noticia que comunicó por carta a sus amigos y colaboradores. Para entonces, ya tenía tras de sí a los servicios secretos italianos, alemanes y bolivianos.

Incluso el Mossad comenzó a seguir su rastro. La razón fue el asesinato en 1971 del cónsul boliviano Roberto Quintanilla, al que muchos responsabilizaban de la muerte de Ernesto *Che* Guevara. Feltrinelli había viajado al país andino en 1967 y la pistola utilizada para ultimar a Quintanilla era de su propiedad.

Feltrinelli al mando de su particular tren eléctrico.

Los GAP tuvieron una vida breve en la que realizaron algunas acciones de corto alcance. Por ejemplo, interferir la señal de la RAI para enviar mensajes revolucionarios de corte guevarista, destinados a animar a la población a establecer focos rurales en las montañas. Su disolución coincidió con la desaparición de su fundador, muerto el 15 de marzo de 1972 cerca de Milán, al estallarle unos explosivos que manipulaba durante una acción de sabotaje en la línea de alta tensión.

Sobre la muerte de Feltrinelli siempre sobrevoló la sospecha de la intervención, por acción u omisión, de los servicios secretos, aunque lo más probable es que la causa fuera tan sencilla como un torpe uso de los explosivos y los temporizadores. A su funeral acudieron miles de personas. Muchos eran militantes. Muchos otros, policías.

Eravamo quattro amici al bar
Che volevano cambiare il mondo
Destinati a qualche cosa in più
Che a una donna ed un impiego in banca
Si parlava con profondità di anarchia e di libertà
Tra un bicchier di coca ed un caffè
Tiravi fuori i tuoi perché e proponevi i tuoi farò.

Quattro amici al bar. Gino Paoli.

Brigate Rosse

Italia se tiñó de rojo

«¿Qué es lo que produce la Siemens? Teléfonos y brigadistas. En la misma proporción». A finales de la década de los sesenta y primeros setenta, esta broma tenía bastantes visos de verdad.

Las fábricas del norte de Italia, la zona del país donde se concentraba la producción industrial, vivían un momento de conflicto social. Los sindicatos habían perdido peso como representantes de los trabajadores. Estos ya no confiaban en ellos a la hora de negociar con la patronal. El espacio que perdían esas organizaciones lo ganaban los Comités Unitarios de Base (CUB), una suerte de sindicatos paralelos, muy críticos con el papel de las centrales sindicales oficiales, y más partidarios del enfrentamiento que de la negociación a la hora de obtener mejoras laborales.

«Los Comités de Base eran muy activos y el de la Pirelli atraía la atención de todo aquel que llegaba a Milán para ver qué estaba pasando», recordaba Mario Moretti, quien coincidió en una de esas reuniones con Margherita *Mara* Cagol, pareja de Renato Curcio, a quien conocería semanas después en el Colectivo Político Metropolitano (CPM). Este movimiento, del que formaba parte, además de Curcio, Corrado Simioni, buscaba coordinar las acciones de protesta de los trabajadores de factorías como la IBM, la Pirelli o la Siemens.

Idalgo Macchiarini, cargo medio de la Sit-Siemens, inmortalizado por las Brigadas Rojas dentro de la furgoneta que le tuvo dando vueltas por Milán. El cartel es una amalgama de lemas revolucionarios de distinta procedencia. La pistola, la que le regaló su abuelo partisano a Franceschini.

En el otoño de 1969, el CPM celebró en el hotel Stella Maris de Chiavari una reunión con los delegados de las diferentes fábricas. El evento estuvo fuertemente vigilado por la policía y, entre los temas a tratar, estuvo el de la conveniencia de pasar a la lucha armada. Discrepancias entre sus miembros, especialmente con Simioni, provocaron que Moretti y otros compañeros decidieran abandonar el movimiento y continuar la lucha proletaria dentro de las fábricas de forma autónoma.

Con el transcurso de los meses, los desencuentros con Simioni fueron cada vez mayores. Mientras que parte de los compañeros concebían la guerrilla como una forma de propaganda y refuerzo de la lucha, Simioni era partidario de acciones cada vez mas ambiciosas y agresivas, que excedieran el territorio italiano. Sin el apoyo de Curcio, Cagol y otros militantes, Simioni acabó abandonando a sus compañeros para fundar la organización armada Superclan.

Mientras tanto, en los CUB de las fábricas comenzaron a organizarse las primeras Brigadas Rojas. Su primera acción se produciría en 1970 con una quema masiva de automóviles de los directivos de la Sit-Siemens y la Pirelli. Durante ese año y el siguiente, las acciones se limitaron a sabotajes y el atraco a un banco, hecho que no fue reivindicado por un prurito moral que Moretti, implicado en el hecho, resumió en la frase «un obrero no roba».

En 1972, a la quema de automóviles de directivos de la FIAT (quince en el plazo de un mes), se sumó el secuestro de Idalgo Macchiarini, responsable de la Sit-Siemens al que retuvieron por espacio de una hora dentro de una furgoneta que estuvo dando vueltas y vueltas por la ciudad de Milán. Un operativo a medio camino entre la lucha armada y una acción de la Internacional Situacionista, cuyo único objetivo era obtener la foto que se distribuyó entre los medios de comunicación: Macchiarini con cara de circunstancias, sujetando un cartel lleno de consignas de muy diferente procedencia, mientras era apuntado en la cabeza con un revólver.

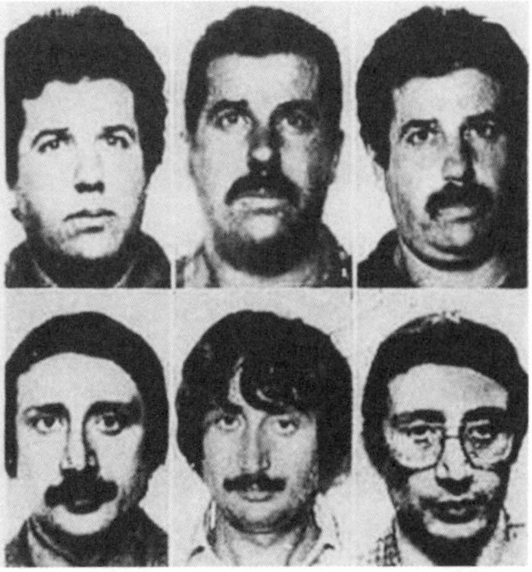

Arriba Renato Curcio. Abajo Alberto Franceschini. Tres de cada.

Al de Macchiarini siguieron los secuestros relámpago de Bruno Labate, dirigente del sindicato CISNAL en FIAT, y Michele Mincuzzi, directivo de la Alfa Romeo. A este último se le retrató con un cartel reivindicativo realizado a mano por Mario Moretti. En él, en lugar de la estrella de cinco puntas de las Brigadas Rojas, aparecía la de David, de seis. A los pocos días, el Mossad se puso en contacto con los brigadistas por si podían ayudar en algo. Desde entones, las sospechas sobre Moretti y sus relaciones con los servicios secretos no hicieron más que aumentar.

Aunque en esos primeros meses las acciones de Brigadas Rojas resultaban muy naíf y apenas habían llamado la atención de las autoridades, una redada policial realizada el 2 de mayo de 1972 permitió descubrir un piso franco en la Via Boiardo de Milán. A partir de ese momento, la policía no pudo seguir ignorando a ese grupo armado, lo que provocó que los brigadistas decidieran pasar a la clandestinidad.

Si toda clandestinidad dificulta la lucha, en el caso de las Brigadas Rojas, las consecuencias fueron aún más traumáticas. Aunque los brigadistas disponían de fondos para comprar casas y tenían contactos para adquirir el armamento, carecían de un buen departamento de falsificación de documentos. «¿Sabéis cuántos documentos falsos hacen falta para no tener ningún problema si te paran en un coche robado? -preguntaba Moretti a Rossana Rossanda y Carla Mosca-. Se necesitan ocho. Si no los tienes, es mejor moverte en bus. De otro modo, no duras ni tres días». En efecto, tanto la cúpula de Brigadas Rojas como sus militantes de base se desplazaban habitualmente en metro y autobús.

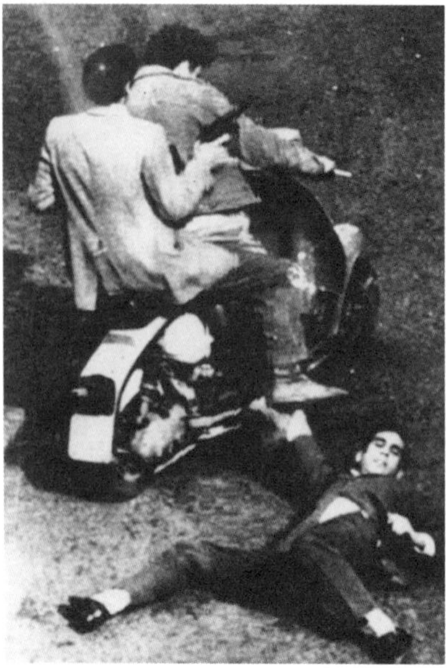

Alessandro Floris se aferra a la Lambretta en la que huyen los miembros del grupo XXII de Octubre, después de arrebatarle el dinero del Instituto Autónomo de las Casas Populares que portaba. Floris será rematado en el suelo instantes después. Toda la escena fue fotografiada.

1974 fue uno de los años claves de Brigadas Rojas. Para bien y para mal. El 18 de abril, secuestraron en Génova al juez Mario Sossi. Fue liberado semanas después a cambio de ocho miembros del grupo XXII de Octubre, en prisión por el asesinato de Alessandro Floris en el transcurso de un atraco.

La repercusión mediática del secuestro y su finalización sin daños personales ayudaron a forjar la idea de que Brigadas Rojas, a pesar de sus métodos, era una organización crítica con el pactismo del Partido Comunista Italiano, que realmente buscaba la justicia social y que se oponía a los abusos del Estado. De hecho, comportamientos como los del juez Francesco Coco, que se había comprometido a liberar a los militantes del grupo XXII de

Octubre a cambio de Mario Sossi, pero se desdijo posteriormente y dio orden de que no fueran liberados, no hacían más que fortalecer esa idea de lucha contra el abuso institucional.

Sin embargo, esas simpatías que se habían granjeado las Brigadas Rojas entre parte de la población se esfumaron cuando, unos meses más tarde, un ataque a la sede del Movimiento Social Italiano se saldó con la muerte de dos militantes fascistas, Giuseppe Mazzola y Graziano Giralucci. Conscientes del problema que se les venía encima, Renato Curcio y sus compañeros se plantearon no reivindicar el hecho aunque, finalmente, emitieron un comunicado en el que asumían la autoría.

Mara Cagol. Estudiante brillante y fundadora de Brigadas Rojas.

Este atentado hizo que las autoridades decidieran estrechar la vigilancia sobre las Brigadas Rojas. Para ello infiltraron a un colaborador. Se trataba de Silvano Girotto *Frate Mitra* (*Fraile Metralleta*), un sacerdote que decía haber combatido en las guerrillas de Latinoamérica y que tenía contactos en Tupamaros. Estos hechos nunca se confirmaron pero le permitieron llegar, saltándose todas las medidas de compartimentación, seguridad y prudencia, hasta la cúpula de Brigadas Rojas.

El 8 de septiembre de 1974, *Mitra* concertó una cita con Renato Curcio de la cual informó a la policía. Aunque la noche anterior al encuentro una extraña llamada anónima advirtió a Mario Moretti de que su compañero iba a ser detenido, el brigadista no logró alertar a Curcio. Tampoco consiguió interceptarlo de camino a la cita apostándose en la carretera por la que se suponía debía viajar. Finalmente, Curcio fue detenido. Con él, Franceschini, que había cambiado de planes el día anterior y había decidido acompañar a su amigo a la cita.

Para contrarrestar ese golpe, Mara Cagol propuso la realización de una acción extremadamente ambiciosa y efectista: liberar a Curcio del penal de Casale Monferrato en Turín. A pesar de la complejidad del plan, la fuga se llevó a cabo con éxito en febrero del 75.

Sin embargo, la endeble estructura de la organización hizo que pronto se produjeran nuevas caídas de importancia. Mara Cagol falleció en un enfrentamiento con la policía mientras custodiaba al empresario Vallarino Gancia, al que las Brigadas Rojas habían secuestrado para financiarse. Poco después, Renato Curcio fue detenido en Milán junto a varios compañeros.

Franceschini y Curcio charlan en la sala de vistas en uno de los recesos del juicio.

A partir de ese momento, Brigadas Rojas quedó en manos de Mario Moretti, partidario de acciones impactantes y violentas. Bajo su dirección, la organización, cada vez más desconectada de la realidad de las fábricas –o de la realidad, sin más–, desarrolló como método de lucha habitual la *gambizzazione* (disparos en las piernas, de los que se cometieron más de una veintena), la quema de automóviles y el secuestro. Así continuaron hasta 1976, fecha en la que se planeó el primer atentado destinado conscientemente a causar la muerte. El elegido fue el juez Francesco Coco, a quien no se le perdonaba haber roto el acuerdo que había asumido a cambio de la liberación de Sossi.

En 1977, necesitada de financiación urgente, Brigadas Rojas decidió secuestrar a Pietro Costa, miembro de una importante familia de armadores, a la que exigió diez mil millones de liras. El monto quedó reducido a mil quinientos millones de liras después de una negociación entre ambas partes.

La entrega se produjo en Roma. Al abrir las maletas con los billetes, los brigadistas comprobaron que estaban impregnados de un polvo invisible que se adhería al cuerpo, al cabello, a la ropa y que podía ser detectado con luz ultravioleta. A pesar de que existía un producto que neutralizaba el efecto de esa sustancia, el consejo de los militantes expertos en química fue que lavasen los billetes uno por uno. La liberación de Costa se retrasó tanto como días tardaron los brigadistas en lavar los mil quinientos millones de liras.

Pero no todas las acciones fueron tan cómicas y tuvieron un final feliz. En abril de 1977, Curcio, Franceschini y otros brigadistas fueron procesados por un tribunal de Turín, ante el que desplegaron una estrategia que demoró el juicio durante meses y llamó la atención de la prensa por lo virulento y agresivo de la misma. Entre otras cosas, Prospero Gallinari leyó en la sala de vistas un comunicado en el que se reivindicaba la muerte de Francesco Coco y amenazaba de muerte al presidente del tribunal.

Lo de Guido Rossa no se entendió del todo bien. Otras cosas tampoco, todo hay que decirlo.

Las interrupciones y trabas eran constantes, los jueces eran incapaces de reconducir el proceso y, además de ralentizar el juicio en la sala de audiencias, la estrategia incluyó el asesinato de Fulvio Croce, presidente del Colegio de Abogados de Turín, obligado por ley a defender a los reos después de que estos hubieran renunciado a sus propios abogados y a aquellos que se les habían nombrado de oficio.

El militarismo de Brigadas Rojas alcanzó su mayor hito en 1978 con el secuestro y posterior asesinato de Aldo Moro, presidente de la Democracia Cristiana, que había negociado con Enrico Berlinguer del PCI el compromiso histórico. Un acuerdo que incorporaría a los comunistas al Gobierno de la República, algo inaceptable para, entre otros, el sector más reaccionario de la Democracia Cristiana encabezado por Giulio Andreotti.

Al asesinato de Moro se sumó en 1979 el de Guido Rossa, sindicalista que había denunciado al brigadista Francesco Berardi por distribuir octavillas con consignas de Brigadas Rojas en el interior de la Italsider. Con este acto, la organización dejó patente su desconexión dentro de las fábricas y su incapacidad para comprender las demandas de los obreros, aquellos a los que decía defender y que se desvincularon aún más de los brigadistas.

Sin embargo, lejos de abandonar la lucha, las Brigadas Rojas, a las que se habían incorporado nuevos miembros, más jóvenes y enérgicos, establecieron columnas en Turín, Génova, Véneto, Roma o Nápoles. Alguna de ellas, como la Walter Alassia de Milán, actuaba de forma casi autónoma sin rendir cuentas a Moretti quien, el 4 de abril de 1981, fue detenido y recluido en la prisión de Cuneo. Allí sufriría un extraño intento de asesinato por parte de un interno que contó con la colaboración de los funcionarios de la prisión. El hecho nunca fue aclarado.

Ciro Cirillo durante su cautiverio y antes de que el mafioso Raffaele Cutolo intercediera por él. Las Brigadas Rojas tendrían sus cosas, pero ese eslogan de *lavorare tutti, lavorare meno*, lo firmaría un 99% de los españoles.

Con Moretti encarcelado, las Brigadas Rojas continuaron activas. A pesar de ello, los golpes policiales realizados con la colaboración de brigadistas arrepentidos debilitaron cada vez más la estructura. Sin embargo, aún tendrían lugar algunos golpes de importancia, especialmente secuestros. Entre ellos, el de Ciro Cirillo –liberado después de que el jefe de la mafia Raffaele Cutolo intercediera por él a petición del Gobierno italiano–, el del oficial norteamericano de la OTAN James Lee Dozler –a quien los brigadistas secuestraron sin reparar en que ninguno hablaba inglés– y el de Roberto Peci.

Peci era hermano de Patrizio Peci, el primer arrepentido que había colaborado con la policía y los jueces. En venganza, Roberto fue asesinado por sus captores, que grabaron en vídeo la ejecución.

Un hecho que provocó que varios miembros abandonasen las Brigadas, que otros tantos empezasen a colaborar con la policía y que los fundadores de la organización que estaban en prisión se escandalizasen por la deriva que habían tomado las acciones de las organización.

Durante los años 80 y 90, varios de esos miembros históricos decidieron colaborar con la justicia. Tras declarar expresamente su arrepentimiento y rechazo a la violencia como forma de lucha, recibieron ciertos beneficios penitenciarios y les fue concedido el régimen abierto.

Via Fani después del operativo para secuestrar a Aldo Moro. Se dispararon más de noventa proyectiles, murieron cinco escoltas y Moro no sufrió ningún rasguño.

Por su parte, las diferentes columnas y grupos de Brigadas Rojas en activo fueron abandonando paulatinamente la lucha. No obstante, nunca hubo una declaración de alto el fuego ni una entrega de armas. Esto ha sido aprovechado por ciertas agrupaciones para reivindicar, bajo el nombre de Brigadas Rojas, actos de sabotaje, pequeños atentados o la colocación de explosivos que, muy posiblemente nada tenían que ver con la organización. En todo caso, y a la vista de las malas relaciones existentes entre los diferentes miembros y columnas, hay más posibilidades de que Ana, Nacho y José María vuelvan a salir juntos de gira, a que las Brigadas Rojas retomen la lucha armada.

Il Messaggero
Moro è vivo

Aldo Moro
Once tiros en el pie de las Brigadas Rojas

16 de marzo de 1978. Un comando de las Brigadas Rojas interceptó en la Via Mario Fani de Roma los automóviles en los que viajaban Aldo Moro y sus escoltas. Tras un tiroteo en el que participaron más de diez miembros de la organización, algunos de ellos vestidos con uniformes de Alitalia, el presidente de la Democracia Cristiana y dos veces primer ministro fue secuestrado. Los cinco miembros del servicio de seguridad fueron asesinados.

Moro se dirigía al Congreso. Esa mañana se iba a votar una moción de confianza al gobierno presidido por Giulio Andreotti, para la cual era decisivo el voto favorable del Partido Comunista Italiano (PCI). A consecuencia de lo sucedido, se suspendió. Las largas negociaciones que Moro y Enrico Berlinguer habían mantenido durante meses para llegar a un compromiso histórico que facilitara el gobierno del país, habían sido en vano. Para buena parte de la derecha italiana, el secuestro de Moro era un mal menor en comparación con la posible incorporación de la izquierda al gobierno de la nación.

Durante el cautiverio, las Brigadas Rojas, bajo el mando de Mario Moretti, sometieron a Moro a un juicio popular. En paralelo, se desarrollaron negociaciones para liberarlo a cambio de la excarcelación de algunos brigadistas y militantes de otros grupos armados como XXII de Octubre.

Para engrasar las negociaciones, Aldo Moro fue autorizado a escribir cartas a su familia, amigos, colegas de la Democracia Cristiana y al papa. En ellas confortaba a su esposa, defendía el pacto con el PCI e intentaba convencer a sus compañeros políticos de que aceptasen una salida dialogada al problema. Para forzar esa solución, Moro llegó a amenazar con informar a sus secuestradores de ciertos secretos de Estado, algunos de los cuales podrían estar relacionados con la red Gladio y los ejércitos *stay behind* de la OTAN.

Según cuenta Leonardo Sciascia en *El caso Moro*, muchos de los políticos a los que se les envió esas cartas negaron haberlas recibido. En consecuencia, no hicieron nada por liberar a su compañero. Algunos incluso argumentaron que esas misivas *que no habían recibido* fueron escritas bajo presión o bajo el efecto de narcóticos.

A lo largo de su vida, Aldo Moro tuvo la República en sus manos en diferentes ocasiones. Esta no fue la mejor de todas, todo hay que decirlo.

La negación de toda negociación con terroristas vino acompañada de descalificaciones y comentarios injuriosos sobre Moro por parte de sus colegas de partido y destacados miembros de la sociedad italiana. Periodistas como Indro Montanelli llegaron a criticar su poca altura como hombre de Estado: «todos los hombres tienen derecho a tener miedo, pero cuando un hombre elige la política, surge el *hombre de Estado*. Un hombre representativo del Estado no pierde el derecho a tener miedo pero sí el derecho a mostrarlo. Moro era el Estado, y el Estado pedía, imploraba, amenazaba a la clase política para que hiciese de todo, incluso prostituirse, para salvarle la vida. Eso no puede ser».

Incluso el papa se negó a interceder por él. La respuesta que el pontífice dio a la petición de mediación por parte de Moro fue escueta: «liberad al honorable Aldo Moro sin condiciones». Abandonado por Dios y por los hombres, Moro comprendió que su cautiverio solo acabaría cuando las Brigadas Rojas ejecutasen la sentencia de muerte a la que había sido condenado.

El 9 de mayo de 1978, después de 55 días de cautiverio, el cadáver de Aldo Moro fue descubierto en el maletero de un Renault 4 aparcado en la Via Caetani, en pleno centro de Roma, a medio camino de las sedes de la Democracia Cristiana y el Partido Comunista Italiano. El trágico desenlace provocó que ambas agrupaciones abandonasen todo intento de colaborar políticamente en el futuro. La facción de Giulio Andreotti dentro de la Democracia Cristiana, con vínculos en las más sucias cloacas del Estado y la mafia, se vio fortalecida.

El cadáver de Aldo Moro apareció en un Renault 4 color burdeos aparcado en la Via Caetani de Roma. El propietario del vehículo, Filippo Bartoli, tuvo que probar que no tenía relación alguna con el secuestro y el posterior asesinato. Harto de todo, acabó regalando el coche a la policía italiana.

El cuerpo de Moro mostraba once impactos de bala disparados por Mario Moretti. «No habría permitido que lo hiciera otro», declaró el brigadista a Rossana Rossanda y a Carla Mosca. Sin embargo, durante años, fue Prospero Gallinari quien cargó con ese *honor* por el silencio que el jefe brigadista mantuvo sobre el particular. En todo caso, el último mensaje de Moro a la Democracia Cristiana señalaba otros culpables: «Mi sangre recaerá sobre vosotros y sobre el partido». No se dieron por aludidos.

Aunque en una de sus últimas cartas Moro expresó su deseo de que ningún compañero acudiera a despedirle, el 13 de mayo de 1978, la basílica de San Giovanni in Laterano acogió un multitudinario funeral de Estado. Asistieron todas las personalidades políticas del país y, por primera vez desde el siglo XVII, un pontífice presidió el funeral de un laico. Para hacerlo aún más inolvidable, Pablo VI entró y salió del templo en un trono transportado en andas. A esa misma hora, la familia estaba en Torrita Tiberina, pueblecito a 50 kilómetros de Roma, enterrando a Aldo Moro en la intimidad.

Kennedy al pesto

El Caso Moro es uno de los acontecimientos más turbios de la política internacional del siglo XX, con permiso de JFK. Desde su planificación a su desenlace, son muchos los detalles que no terminan de encajar en este puzle. Cuando lo hacen, también miran a Estados Unidos, como en el caso del presidente Kennedy.

¿Por qué Moro?

Aldo Moro había sido presidente de Italia dos veces. En ese momento era el líder de la Democracia Cristiana y encarnaba el ala progresista del partido, enfrentada con la de Giulio Andreotti, más reaccionaria y vinculada con grupos mafiosos. A pesar de esta diferencia, según afirmó Mario Moretti «a nuestros ojos eran gemelos [...]. Si entre ambos había diferencias sustanciales, en ese momento a nosotros no nos resultaban evidentes».

La ley del mínimo esfuerzo

«Una mañana, Bonisoli ve un coche azul con una nutrida escolta. A estas cosas estamos atentos», explicó Moretti. «Siente curiosidad y, en vez de retroceder, se detiene y al rato ve salir a Aldo Moro. Simplemente. Y verifica que está allí todas las mañanas». A este hecho se suma que las rutinas de Andreotti eran menos previsibles y que ni Moro ni sus escoltas disponían de automóviles blindados. Tras el secuestro, la esposa de Moro explicaría que su marido había solicitado un coche blindado en reiteradas ocasiones. Nunca se lo concedieron.

Donde pongo el ojo...

En la Via Mario Fani se enfrentaron una decena de brigadistas y cinco escoltas, todos armados. Se dispararon más de noventa balas que acabaron con la vida de los escoltas y no provocaron ningún daño a Aldo Moro.

Compra lotería

Moro portaba consigo en el automóvil cinco maletines: tres con material sin importancia y dos con documentos de gran trascendencia política. A pesar de la situación y las urgencias, los brigadistas se llevaron consigo justamente los maletines con material sensible, cuyo contenido no ha vuelto a aparecer.

¿Nos echamos un Cluedo?

En el momento del secuestro, varios responsables de los servicios secretos del Estado pertenecían a la logia Propaganda Dos de Licio Gelli. Por acción u omisión, las investigaciones del Caso Moro adolecieron de graves irregularidades. Por ejemplo, un periodista de la RAI se internó en el lugar del tiroteo y pisó varios de los casquillos. A los testigos oculares se les mostraron fotografías de brigadistas que ya estaban en prisión en el momento de cometerse el operativo. La Via Mario Fani, lugar donde se produjo el secuestro, estuvo acordonada por la policía desde el día de los hechos. A pesar de ello, tres de los automóviles usados por el comando en la operación fueron aparcados después del secuestro en esa misma calle y en tres días diferentes.

Manifiéstate

Para averiguar el paradero de Moro se recurrió, entre otras fuentes, a la Banda de la Magliana. También a una sesión de espiritismo en la que habría participado Romano Prodi, posteriormente primer ministro italiano en dos ocasiones.

Los miembros de la Magliana no fueron capaces de averiguar que Moro estaba retenido en un piso situado dentro de sus dominios. Los médiums, sin embargo, aportaron una palabra: *Gradoli*.

Cerrad los grifos

En el número 96 de la Via Gradoli de Roma se localizaba un piso franco de Brigadas Rojas que solía frecuentar Mario Moretti. El 18 de abril de 1978, la policía y los bomberos fueron requeridos por los vecinos. De uno de los pisos del bloque manaba abundante agua. Cuando llegaron, descubrieron dos cosas: que se trataba del piso franco de Brigadas Rojas y que la inundación procedía de una ducha que se había dejado abierta intencionadamente. En él se encontraron uniformes semejantes a los de Alitalia, municiones, armas y una máquina de escribir IBM que había sido de los servicios secretos.

Mi casa es tu casa

Varias de las viviendas de la casa de la Via Gradoli, en la que Brigadas Rojas tenía el piso franco, pertenecían a los servicios secretos italianos. A esta curiosidad se suma el hecho de que el edificio ya había sido registrado antes de la inundación. Si la policía nunca entró en el apartamento de Moretti fue porque llamaba pero no le abrían la puerta. Muy propio de la policía, sí.

El 7, número mágico

A lo largo del secuestro, los brigadistas emitieron varios comunicados en los que informaban de sus reclamos y del estado en el que se encontraba Moro. El 15 de abril de 1978 informaban en el comunicado número 6 que Moro había sido condenado a muerte. Tres días después, un nuevo comunicado afirmaba que había sido ejecutado y que su cadáver estaba en el lago de la Duchessa en Abruzzo. No era cierto. El comunicado número 7 había sido confeccionado por Tony Chichiarelli, falsificador especializado en De Chirico, ladrón de bancos y criminal vinculado a la banda de la Magliana, a la P2 y a los servicios secretos. El objetivo del comunicado número 7 era preparar a la opinión pública para la muerte de Moro y transmitir a los brigadistas que, para el Estado, ya estaba muerto.

Con te sulla spiaggia

Los brigadistas siempre negaron que Moro hubiera estado en otro lugar que no fuera la casa de Via Montalcini, sin embargo, en sus pantalones se encontraron restos de arena de playa.

Háganlo pronto

Henry Kissinger, secretario de Estado estadounidense, se reunió con Aldo Moro el 25 de septiembre de 1974. En dicho encuentro, Kissinger, descontento con la actitud de Moro como ministro de Exteriores, le espetó: «si no cambias tu línea política lo pagarás caro». Lejos de poner fin a estas políticas, Moro facilitó el compromiso histórico con el PCI. A la luz de los acontecimientos posteriores, la frase que le dijo a Moro el impulsor de los golpes militares de Chile (1974), Argentina (1976), de la Operación Tora Tora (1970) y Premio Nobel de la Paz en 1973 por lo que hizo en Vietnam, adquiere un nuevo significado.

«Uno de los mayores errores de las Brigadas Rojas fue no liberar a Moro».

Entrevista Matteo Re

Matteo Re es doctor en Historia Contemporánea y profesor de Lengua, Cultura italiana y Humanidades en la Universidad Rey Juan Carlos de Madrid y en el Instituto Italiano de Cultura de Madrid.

Entre sus líneas de investigación se encuentra la violencia política en Italia y Latinoamérica, tema sobre el que ha escrito numerosos artículos y libros, entre los que destacan especialmente aquellos sobre las Brigadas Rojas y la situación política de la Italia de la segunda mitad del siglo pasado.

En esta entrevista, Re aporta de forma amena y sencilla datos y análisis que ayudan a entender, hasta donde es posible, una de las etapas más convulsas y complejas de la reciente historia de Italia.

VILLA WANDA: Antes de llegar a las Brigadas Rojas, repasemos sucintamente cómo era Italia desde 1945. Acabada la Segunda Guerra Mundial, los partisanos ven que, en lugar de emprender una revolución social, se va a instaurar en Italia una democracia de corte occidental bajo la supervisión de Estados Unidos. Sorprendentemente, el Movimiento Social Italiano, formado por declarados mussolinianos, entra en el gobierno. Un gobierno que reprime protestas obreras como la de Reggio Emilia, en la que son asesinados cinco trabajadores. La tensión social crece durante los años sesenta. En el 64 hay un intento de golpe de Estado –la Operación Piano Solo–, que provoca que los socialistas salgan de la coalición de gobierno. En 1969, el terrorismo negro provoca la matanza de Piazza Fontana. En 1970, hay otro intento de golpe de Estado: la Operación Tora Tora. Aldo Moro, de Democracia Cristiana, intenta llegar a un acuerdo de gobernabilidad con Enrico Berlinguer del Partido Comunista. Por último, buena parte de la población –la llamada izquierda extraparlamentaria–, no opera políticamente a través de las instituciones, sino fuera de ellas. Más o menos, ese es el escenario en el que surge Brigadas Rojas.

Protestas contra el gobierno de Fernando Tambroni, responsable de las muertes de Reggio Emilia.

MATTEO RE: Después de la Segunda Guerra Mundial, el que quiere apaciguar todo es Palmiro Togliatti, ministro de Justicia comunista, quien firma la amnistía. Cuando Alberto Franceschini, fundador de Brigadas Rojas junto a Renato Curcio, Mara Cagol y Mario Moretti, habla de su abuelo partisano y de su decepción porque no hubo una verdadera revolución, habría que decirle que se enfade con Togliatti, que era de los suyos y no con la Democracia Cristiana y el Movimiento Social Italiano.

VILLA WANDA: Pero era extraño que un grupo fascista como el Movimiento Social Italiano participase en política. Al menos después de lo que había sucedido en los años 30 y 40 con la Guerra y la República de Saló.

MATTEO RE: Sí, por supuesto que la discusión es si el Movimiento Social Italiano debía existir después de todo lo que había pasado pero, en todo caso, el que intentó tranquilizar las cosas fue Togliatti. De hecho, cuando en 1948 sufre un atentado fascista, el primero que habla por radio desde la cama del hospital para tranquilizar a la población es él, que le dice a la gente «tranquilos, volved a casa», porque los comunistas ya se habían echado a la calle con armas.

Alguien debió pensar que esta era una buena forma de enviar un mensaje a la población.

VILLA WANDA: Las mismas armas que luego le legará su abuelo partisano a Franceschini para hacer la revolución.

MATTEO RE: Cuando termina la guerra, si alguien tiene una pistola o una escopeta en casa, se la queda. Si tiene tres, da una a los norteamericanos y se queda con dos. Si en toda guerra hay siempre un descontrol de armas, imagínate en una guerra partisana, que es una guerra no convencional. A consecuencia de ello, Italia estuvo armada hasta los ochenta, o incluso más.

VILLA WANDA: Entonces, ¿qué valor le das a las versiones de los brigadistas que afirman que continuaron la lucha revolucionaria y antifascista que sus abuelos no consiguieron llevar a cabo?

MATTEO RE: Cuando uno lee los comunicados de las Brigadas Rojas, esa decepción de los abuelos con el Partido Comunista Italiano no está tan presente. El relato de los 70 es el de «la resistencia de los pueblos tercermundistas». Se menciona

Cuba, se habla de los Tupamaros, pero la resistencia italiana al fascismo después de la Segunda Guerra Mundial no aparece en casi ningún documento. Es un relato *a posteriori* que han creado para que se acepte un poco mejor lo que hicieron. Lo que cuentan hoy es «nos hemos armado y hemos utilizado las armas que nos dieron nuestros abuelos que estaban enterradas». Puede ser verdad o no, pero da igual, porque el problema no es ese. El problema es que esa historia no concuerda con lo que se hablaba en los comunicados o resoluciones internas de los 70.

VILLA WANDA: Durante los años 60 y 70, Italia es víctima de la estrategia de la tensión, en la que participan miembros de los servicios secretos y que provoca matanzas como la de la Piazza Fontana o el tren Italicus. ¿Podrían justificarse las Brigadas Rojas como respuesta a una pérdida de legitimidad del Estado como monopolio de la violencia?

Los obreros se manifiestan con pancartas escritas en la lengua de Dante y con rimas de Angiolieri.

MATTEO RE: Ese también es un relato *a posteriori*. Que Italia a finales de los 60, principios de los 70, era un país violento no cabe la menor duda. En el 67 se empiezan a ocupar universidades, pero los rectores llaman a la policía y se desaloja sin incidentes. A partir del 1 de marzo del 68 es cuando se radicaliza todo y comienza a haber enfrentamientos con la policía. El 69, que es el año de los trabajadores, es muy violento. En esa época la policía no se andaba con tonterías, pero tampoco los manifestantes. A partir del 70 y 71 ya sí que hay protestas estudiantiles y de grupos extraparlamentarios que acaban con muertos.

A pesar de todo, el relato de que Italia estaba al borde de la dictadura y que solo había violencia es poco creíble. Las protestas del 68 lograron algunos cambios. En el 69 se firmó un nuevo estatuto de los trabajadores que mejoró las condiciones en las fábricas. A partir del 70, comienzan las reformas sociales: se baja la edad de voto a los 18 años, se aprueba la ley del divorcio, se reforma la ley del aborto... Cuesta definir esos años como una época de falta de libertades como hacen las Brigadas Rojas pero, a pesar de ello, hubo 18 años de terrorismo.

VILLA WANDA: Pero, ¿cómo se explica que, mientras el Estado promueve esas reformas, al mismo tiempo colabore con el terrorismo negro a través de los servicios secretos o de Gladio?

MATTEO RE: En Italia el problema era que parte de los servicios secretos, los *servicios secretos desviados*, utilizaban a la ultraderecha para crear inestabilidad. Eso es un dato cierto. Piazza Fontana es el primer hecho de ese tipo, al que siguen Piazza della Loggia, el tren Italicus, así hasta la masacre de la estación de Bolonia. Son atentados, especialmente el de Piazza Fontana, que quieren cerrar una época de conflicto que había empezado en el 68. El razonamiento era «ponemos una bomba, provocamos terror y la gente reclamará leyes especiales y un gobierno más duro». Eso es lo que hace parte de los servicios secretos y eso es lo que, según dicen los brigadistas, precipita los hechos. Sin embargo, miembros de la izquierda extraparlamentaria te cuentan que el relato de la violencia ellos ya lo tenían de antes de que sucediera Piazza Fontana.

En 1974, durante el transcurso de una manifestación contra el terrorismo, una bomba hizo explosión en la Piazza della Loggia de Brescia. El artefacto, colocado por miembros de la organización ultraderechista *Ordine Nuovo*, provocó la muerte de ocho personas y más de cien resultaron heridas.

VILLA WANDA: ¿Qué papel jugaban esos grupos de la izquierda extraparlamentaria en la política italiana de la época?

MATTEO RE: Los grupos de la izquierda extraparlamentaria entran en conflicto con el Partido Comunista Italiano y se colocan a su izquierda de manera muy crítica. Hay un montón de documentos internos de las Brigadas Rojas donde atacan por igual a la Democracia Cristiana, al Movimiento Social Italiano y al PCI, porque dicen que es un partido reformista que no tiene nada que ver con su visión del comunismo.

Un domingo cualquiera en la Italia de los 70.

VILLA WANDA: Muchos de los grupos de la izquierda extraparlamentaria también optaron por la acción directa. Algunos eran de raíz libertaria y podría ser coherente que no quisieran participar del sistema democrático ni estar representados en el Parlamento. Sin embargo, ¿por qué Brigadas Rojas no creó su propio brazo político? ¿Por qué no fundó un partido que operase en las instituciones mientras desarrollaban la lucha armada, como hicieron otros grupos semejantes?

MATTEO RE: En un momento dado, Brigadas Rojas llegará a autodenominarse «el partido armado». Su intención es ser partido y brazo armado a la vez, pero eso es inviable. Un Estado de derecho y una democracia no pueden asumir un partido que se autoproclama «partido armado».

VILLA WANDA: ¿Cómo surge Brigadas Rojas?

MATTEO RE: En un primer momento no son más que un grupo de violencia obrera. Hacían lo mismo que podían hacer los obreros más radicales en las huelgas, como destrozar coches o pegar a alguien. De hecho, la prensa nacional de la época no les da mucha importancia al principio. Durante los años 70, 71, 72 y 73, el peligro no eran las Brigadas Rojas, sino los grupos de ultraderecha que ponían bombas o las manifestaciones de calle de la extrema izquierda. Eso se mantendrá así hasta 1974, que es cuando se producen las primeras muertes. De hecho, periódicos como *L'Unità*, afirman al principio que las Brigadas Rojas no son rojas, sino negras, y que es todo un camuflaje para echarle la culpa a la izquierda.

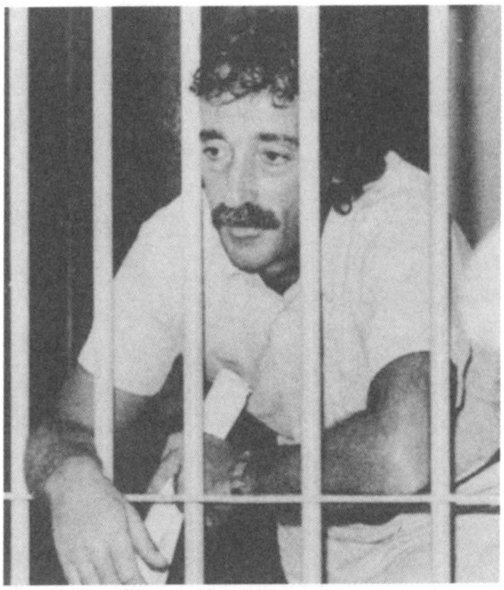

Como en la canción de Los Nikis, durante varias décadas, el moreno de Moretti fue a rayas paralelas.

VILLA WANDA: Que en el fondo era lo que se pretendía con la estrategia de la tensión.

MATTEO RE: Sí, pero cuando con el tiempo ven que tal vez no sean fascistas, los llaman «los compañeros que se equivocan». Se acepta que pudieran ser parte de la izquierda, pero luchando de una manera equivocada. Ese criterio se mantendrá hasta el 78, cuando matan a Aldo Moro, y se acentúa aún más en el 79, cuando matan a Guido Rossa, que era obrero y sindicalista de izquierdas. A partir de ahí pierden todos los apoyos y, como son un grupo terrorista ideológico y no territorial, empiezan a decaer.

VILLA WANDA: Es llamativa la torpeza de Brigadas Rojas a la hora de analizar el escenario en el que operan y decidir sus objetivos. Parecen desconectados de la realidad política y social del país.

MATTEO RE: La desconexión de la realidad les sucede a muchos grupos terroristas. El principal error es erigirse en una organización de defensa del pueblo o de los trabajadores, olvidando que los trabajadores no han pedido esa ayuda y, en caso de haberlo hecho, nunca pidieron que fuera de esa manera. Además, si ves a la gente a la que matan, no matan al líder del Movimiento Social Italiano, matan a militares, policías, a profesores universitarios, a periodistas. Cuando deciden matar a uno de los jefes de Democracia Cristiana, eligen al más moderado. Están tan despegados de la realidad, que no tiene ningún sentido lo que hacen. Tal vez sea por la clandestinidad, pero tampoco hay que olvidar que vivían en ciudades como Milán o Turín. Es cierto que no podían salir con libertad a la calle, pero podrían ver la televisión, oír la radio, leer el periódico. No era precisamente una guerra de guerrillas que los tenía aislados en el bosque.

Guido Rossa, asesinado por las Brigadas Rojas «para dar ejemplo».

VILLA WANDA: Se ha sugerido en ocasiones que esta falta de coherencia respondía a la infiltración de los servicios secretos.

MATTEO RE: Ese es uno de las cosas que sostiene en sus libros Alberto Franceschini, que tiene una guerra abierta contra Mario Moretti. Franceschini llega a afirmar que Moretti era de los servicios secretos. De acuerdo, participaron los servicios secretos. Había cosas muy raras, vale, ¿pero por qué aguantaron a Moretti todo ese tiempo? Además, si eres fundador del grupo, como era Franceschini, ¿por qué no hizo algo aunque fuera desde la cárcel? Si lees lo que escribe el frente de cárceles, no son documentos en contra de Moretti. No se pide su cabeza. Lo que sucede ahora es que Franceschini quiere transmitir la idea de que «nosotros creamos algo bueno y vino alguien y lo pervirtió». ¿Quién es ese alguien? Moretti. Al final lo que hay que hacer es analizar lo que pasó: Franceschini, Curcio y Moretti crearon las Brigadas Rojas. De no haberlas creado, probablemente la gente no habría muerto durante 18 años.

VILLA WANDA: Una de las cosas que queda muy clara en tus libros es que eres implacable con Brigadas Rojas. No te refieres a ellos como grupo guerrillero, sino como banda terrorista y, además, dejas claro que ellos son los únicos responsables.

MATTEO RE: Sí. Me da igual que sean de izquierdas o de derechas. Los culpables son los que ponen las bombas. Si no fuera así, el relato me llevaría a desplazar esa responsabilidad hacia la víctima. Si lees los documentos de las Brigadas Rojas, tras el asesinato de Aldo Moro dicen «nosotros quisimos pactar con el Estado», cosa que no es del todo cierto. Dicen también, «el Estado no quiso pactar con nosotros, entonces ellos se han manchado las manos de la sangre de Moro». No. Lo habéis matado vosotros. La responsabilidad es vuestra. La propaganda terrorista acostumbra a culpar al otro de un daño que ellos mismos han provocado.

Indro Montanelli, tras sufrir una de las *gambizzazione* de las Brigadas Rojas.

VILLA WANDA: Aprovechando que ha salido Aldo Moro en la conversación, ¿por qué lo secuestran? Más allá de esa explicación de atacar al «corazón del Estado».

MATTEO RE: Eso mismo se pregunta el escritor Vladimiro Satta. ¿Por qué lo secuestraron? ¿Para matarlo? Entonces, ¿por qué no matarlo en ese momento? Cuando lo secuestran, Brigadas Rojas no tenía pensamiento de pedir nada a cambio. Las demandas se hacen después y un poco con la esperanza de que el Estado dijera que no.

VILLA WANDA: Una vez más surge la pregunta de a quién le interesaba que Moro fuera asesinado. ¿A las Brigadas Rojas? ¿A la Democracia Cristiana? ¿A la P2? ¿A la CIA?

MATTEO RE: Moro tenía muchos enemigos. Con Kissinger no se llevaba nada bien. Tampoco con los israelíes porque en el conflicto árabe israelí, Moro estaba del lado de Palestina. Además, su negociación con Berlinguer por el compromiso histórico hacía que tuviera en contra no solo a Estados Unidos –que no querían que hubiese un partido comunista en el gobierno de Italia en plena Guerra Fría–, sino también a los soviéticos. Para estos era inaceptable que el Partido Comunista Italiano pudiera llegar al gobierno a través de un acuerdo. De haber sido así, lugares como Polonia, Hungría o Checoslovaquia se hubieran replanteado muchas cosas.

VILLA WANDA: Sobre la figura de Moro también hay controversia. ¿Se comportó como un hombre de Estado o fue una persona con todas sus debilidades y miserias? Indro Montanelli, por ejemplo, habla de él de manera muy despectiva.

MATTEO RE: Montanelli era buen periodista, pero un tipo complicado. Había hecho la Segunda Guerra Mundial, luego había sido encarcelado, e incluso le habían disparado las Brigadas Rojas en las piernas. Tres o cuatro días antes del asesinato de Moro, su periódico, *Il Giornale*, publicó en primera página *Moro ha muerto*. Era una forma de decir «esto ha durado demasiado. Hay que pensar en el futuro. Moro ha muerto lo liberen o no, porque está acabado políticamente». Una persona que ataca a sus compañeros de partido –con razón, todo sea dicho–, una persona que dice que va a contar secretos de Estado a los brigadistas... Su carrera política estaba acabada. La idea que se quería transmitir era «mejor un Moro muerto que un Gobierno impedido». Por eso, uno de los mayores errores de las Brigadas Rojas fue no liberar a Moro. De hecho, muchos brigadistas abandonaron el grupo por oponerse al asesinato.

«Defender la República», uno de los titulares de la edición extraordinaria de *Avanti!* publicada tras el secuestro de Aldo Moro. Desde el primer momento, la cosa no pintó bien para el político democristiano.

VILLA WANDA: Has mencionado el papel que la prensa tuvo en el asunto Moro. ¿Pero qué papel tuvo en el desarrollo de las Brigadas Rojas en general? Durante el secuestro del juez Giovanni D'Urso en el 81, exigen a los medios que publiquen su comunicado, cosa que los medios habían hecho siempre sin que nadie se lo pidiera. Sin embargo, ante esa petición, los periódicos y las radios se niegan. De repente, los brigadistas se dan cuenta de que sin la prensa pierden eficacia.

MATTEO RE: Marshall McLuhan decía que un apagón mediático sería lo mejor para acabar con el terrorismo, pero también decía que, en una sociedad como la nuestra, eso es imposible. Eso lo decía en el 78 refiriéndose al caso Moro. Si entonces era inviable, imagínate ahora, que cualquiera puede hacer noticias con el propio móvil. También hay que entender que la unión entre terrorismo y periodismo es total. El terrorismo desea mandar un mensaje político, de aquella manera, pero un mensaje, y necesita a la prensa. Por otra parte, y aunque quede mal decirlo, el terrorismo vende y también supone ingresos para los periódicos.

Las familias de las víctimas del atentado de Piazza Fontana de Milán reclaman justicia.

VILLA WANDA: El vínculo entre Brigadas Rojas y periodismo alcanzó su mayor cota en los juicios del 76. Los brigadistas no reconocieron al tribunal, volvieron locos a los jueces y obtuvieron una atención mediática inusual.

MATTEO RE: Utilizaron la misma táctica que los argelinos cuando la independencia de los franceses y les funcionó. El juicio se hace interminable. Primero renuncian a que les defiendan los abogados que tienen. Les nombran un abogado de oficio y no solo renuncian a él, sino que lo amenazan de muerte. También amenazan al jurado popular y, claro, la gente empieza a decir que está enferma, que no puede ir, lógico. Incluso llegan a matar a Fulvio Croce, que era el que les iba a defender porque se lo había ordenado el tribunal en calidad de Presidente del Colegio de Abogados de Turín. Actuaron así porque se sentían superiores a todo, incluido el Estado.

VILLA WANDA: Para acabar, me gustaría preguntarte por Corrado Simioni.

MATTEO RE: No sé mucho de Simioni.

VILLA WANDA: Nadie sabe mucho de él y eso lo hace aún más atractivo. Lo poco que se sabe es que está en todas, como Licio Gelli.

MATTEO RE: Simioni está en el germen de Brigadas Rojas. Luego montará el Superclan, un grupo que tiene nombre de organización malvada de Marvel. Fundó la escuela de idiomas Hyperion en París, que era el epicentro del terrorismo internacional. Comenzó a tener vínculos con esos grupos internacionales pero luego desaparece. Era amigo de Bettino Craxi, que le llegó a escribir una carta diciéndole que no se preocupase de ciertos comentarios que lo relacionaban con el terrorismo, que estaba todo bien. ¿Has visto *Munich*?

«La democracia es el fusil en la espalda de los obreros». Pintada de *Potere Operaio*, uno de los grupos extraparlamentarios activos en la Italia de los 70.

VILLA WANDA: Sí.

MATTEO RE: En *Munich* hay un personaje que vive en París y lleva en coche a los agentes del Mossad a una cita. Siempre me ha recordado a Simioni. Podría ser él. Alguien con dinero, mujeres, que se encarga de poner en contacto a diferentes personas relacionadas con el terrorismo internacional, pero que nunca se mancha las manos.

¿HAN LLAMADO? YA ABRO YO

Volumen 5
MMXIX

VILLA WANDA

Fausto Amodei (Turín, 1934) fue responsable, junto al resto de componentes de Cantacronache, entre los que se encontraban Michele L. Straniero, Sergio Liberovici y Margot, de la modernización de la canción política italiana.

Fausto Amodei

Fausto Amodei en la fotografía oficial como diputado. Al estar en un óvalo parece la de la orla de la Facultad de Arquitectura, pero no.

Fundado en Italia a finales de los años 50, Cantacronache fue un grupo musical que deseaba dar un nuevo rumbo a la música popular que se escuchaba en el país. Mientras que el estilo meloso de San Remo lo impregnaba todo y los primeros testimonios del *rock and roll* aventuraban ya que la música moderna no iba a caracterizarse por lo profundo de sus letras, Michele L. Straniero, Sergio Liberovici, Margherita Galante Garrone –más conocida como Margot– y Fausto Amodei crearon este movimiento que diseccionaba la situación política y social italiana a través de la música.

El estreno de Cantacronache se produjo el primero de mayo de 1958, fecha en la que interpretaron algunas de sus canciones en las celebraciones del Día del Trabajo. A diferencia de los himnos partisanos o las tonadas anarquistas del XIX, las interpretaciones de Cantacronache eran contenidas, sobrias, frescas y sin impostar la voz, para facilitar la comprensión de unas letras plagadas de dobles sentidos, chistes y críticas al Estado, el ejército, la iglesia y demás poderes fácticos.

Canciones como *Dove vola l'avvoltoio*, *Raffaele*, *Il gallo*, *Il ratto della chitarra*, *Il censore*, *Ero un consumatore* o *Il tarlo* –que fue calificada por Umberto Eco como «una perfecta divulgación de *El Capital* de Marx»–, abrieron un nuevo horizonte en la canción italiana que a pesar de su modesto alcance, influyó a artistas tan populares como Ornella Vanoni o Enzo Jannacci.

También hubo hueco en Cantacronache para las canciones duras y descarnadas que, con el tiempo, acabaron convirtiéndose en himnos de la lucha obrera. Es el caso de *Per i morti di Reggio Emilia*, compuesta en homenaje a los cinco trabajadores asesinados por la policía en el transcurso de una manifestación el 7 de julio de 1960 en esa región de la Emilia Romagna.

En el momento en el que se produjo la masacre, Amodei se encontraba haciendo el servicio militar, razón por la cual tuvo que componer la canción casi de forma clandestina, aprovechando uno de los permisos. Este reclutamiento obligatorio le impediría también participar de un interesante proyecto de Cantacronache que, finalmente, acabó siendo desarrollado por Sergio Liberovici, Michele L. Straniero y Margot.

Se trataba de recopilar las canciones de la resistencia española en la Guerra Civil y la dictadura de Franco. Para ello, todos salvo Amodei viajaron a Madrid, donde grabaron a un *Anonimo cantore di Madrid*, que no era otro que Chicho Sánchez Ferlosio, quien interpretó, entre otros temas, *Fusiles contra el patrón*, *Dicen que la patria es*, *Fuego de los altos hornos* y *Los dos gallos*.

El proyecto acabó materializándose en el disco *Canti della resistenza spagnola* (Zodiaco, 1968) y el libro *Canti della nuova resistenza spagnola, 1939-1961*. Editado por Einaudi, su aparición provocó una airada respuesta política, diplomática y judicial de las autoridades españolas, las cuales exigieron su inmediata retirada de todas las librerías... de Italia.

A pesar de lo absurdo del caso, el fascismo italiano hizo causa común con el español. Einaudi y los miembros de Cantacronache que habían viajado a España fueron procesados por injurias a la religión. Los cargos eran «haber atribuido a la sagrada figura de Cristo actos de sodomía». Todo porque una de las coplas decía que el día que volviera a la tierra, Cristo iba a dar bien por el culo a los curas fascistas.

En la Italia de los 60, Cantacronache era un grupo incómodo. Además de sus problemas con la justicia, la idea de renovar y mejorar la música moderna de consumo no fue muy bien vista por las discográficas que tenían en los ritmos anglosajones un enorme filón económico. Ante la imposibilidad de ser grabados por grandes compañías, Cantacronache emprendió la senda de la independencia. Sus discos aparecieron en tiradas cortas, en formatos breves como el *extended play*, con mala distribución, autoeditados o publicados por sellos pequeños, como *I dischi del sole*, donde Amodei publicaría algunos de sus trabajos más conocidos. Por ejemplo, *Le canzoni di Fausto Amodei 1 & 2* (1963), *Canzoni didascaliche* (1965) y *Se non li conoscete* (1972).

A finales de los años 60, Amodei fue elegido diputado por el Partido Socialista Italiano de Unidad Proletaria, organización que solo tuvo representación en la Cámara durante una legislatura. Finalizada esta breve aventura política, Amodei publicó un disco *L'ultima crociata* (1974), dedicado al referéndum sobre la Ley del divorcio contra el que la Democracia Cristiana y la derecha italiana habían desplegado una virulenta campaña.

Tras este trabajo, Amodei permaneció en silencio varios años, al menos en lo que a grabaciones se refiere. En 2005, sin embargo, regresó al estudio por una razón de peso: Silvio Berlusconi. Al varias veces primer ministro, empresario mediático, magnate del fútbol, miembro de la logia Propaganda Dos y protector de velinas, le dedicaría *Per fortuna c'è il cavaliere*, su último trabajo hasta el momento.

A sus más de ochenta años, Amodei aún continúa realizando alguna que otra actuación y atendiendo con generosidad a aquellos que se interesan por su obra, como demuestra la siguiente entrevista.

Entrevista Fausto Amodei

VILLA WANDA: Usted nació en Turín en 1934. ¿Cómo recuerda su infancia en la Italia de Mussolini, en la guerra y en la posguerra?

FAUSTO AMODEI: Cuando finalizó la guerra tenía once años, así que lo que más me impactó fue, sobre todo, las condiciones materiales en que tuvo que vivir mi familia: la evacuación, el racionamiento, el hambre, el miedo a los bombardeos. De la situación política, es decir, del fascismo, de las luchas en el frente, del antifascismo, de los partisanos y de la República de Saló, comencé a ser consciente más tarde, en el colegio. Mis padres, aunque no con excesiva afición, eran partidarios del fascismo. Incluso yo mismo había sido parte de la juventud fascista como *figlio della lupa**.

VILLA WANDA: Usted estudió arquitectura y trabajó como arquitecto, ¿cómo comenzó a cantar?

FAUSTO AMODEI: En mi familia siempre nos interesó la música. Mi madre estudiaba canto, era *mezzosoprano* de repertorio clásico. Mi hermano estudiaba piano e incluso se examinó en el conservatorio. Siempre estábamos cantando.

**Figli della lupa*: Los hijos de la loba era una organización surgida en la Italia fascista a iniciativa de la Opera Nazionale Balilla. La referencia a los *hijos* y a la *loba* vinculaba este movimiento juvenil con Rómulo y Remo, hijos de Rea Silva, descendiente de Eneas. Además de con la mitología latina, esta leyenda los relacionaba con toda la imaginería de la Roma imperial tan apreciada por Mussolini y los camisas negras.

De hecho, Los hijos de la loba vestían un uniforme muy similar al de los camisas negras. No en vano, el grupo era un primer paso para incorporar jóvenes camaradas al partido. Desde 1933, todos los niños que acudían a la escuela elemental se convertían automáticamente en hijos de la loba. A partir de 1936, la adhesión se realizaba en el momento mismo de la inscripción registral del nacimiento.

Por mi parte, estudié acordeón desde los seis a los doce años y piano, de los doce a los dieciocho, hasta que me decidí por la guitarra de manera autodidacta. Me interesaba especialmente el repertorio popular, tanto italiano como extranjero. En la segunda mitad de los años 50, la experiencia de viajar por toda Europa en autoestop, durmiendo en albergues, me sirvió para comprobar que las canciones son un magnífico instrumento de socialización.

VILLA WANDA: ¿Cuáles eran sus influencias musicales?

FAUSTO AMODEI: La música clásica es la que desde un primer momento he consumido con más frecuencia. Mozart, Bach, Mendelssohn, Beethoven, Vivaldi, Chopin, Brahms, Schubert, Schumann... Iba, y de hecho sigo yendo, a conciertos de música sinfónica o de cámara. Al ser estudiante de piano, siempre he estado en contacto con repertorio de este tipo. Después descubrí el repertorio de los *chansonniers* franceses y de los *folksingers* americanos e ingleses. También estudié y *frecuenté* algunos protagonistas de la canción dialectal piamontesa del 800, como Angelo Brofferio, o del 700, como Ignazio Isler. En lo que se refiere al jazz, me quedé en Nueva Orleans y en el *ragtime*. Por último, y tal vez sea por razones generacionales más que por cuestiones de gusto musical, ni he tocado ni me ha interesado para nada el *rock*.

VILLA WANDA: Siempre ha afirmado que Brassens fue una de sus grandes influencias. Sin em-

Los hijos de la loba se dividían en diferentes grupos según la edad: *Balilla* (de 6 a 10 años, llamados así en homenaje a Giovan Battista Perasso, alias *Balilla*, joven genovés que habría iniciado la revuelta contra los austriacos en 1746), *Vanguardista* (de 11 a 18 años) y finalmente *Fascista* (de 18 en adelante).

A través de la *Opera Nazionale Balilla* (ONB), Los hijos de la loba realizaban excursiones, competiciones deportivas y otras actividades de exaltación patriótica y viril. Su ideario se podía resumir en una letanía que se recitaba en dichos encuentros y que, si no tuvo más predicamento en la Italia católica, fue porque rozaba la blasfemia: «Creo en el *Duce*, creador de los camisas negras, y en Jesús, su único protector [...]. Creo en las leyes sabias. En el conjunto de los ciudadanos. En la remisión de las penas. En la resurrección de Italia, en la fuerza eterna. Amén».

bargo, en sus canciones hay elementos o referencias que recuerdan también a Renato Carosone, a la canción cómica napolitana, al *music-hall*...

FAUSTO AMODEI: En ocasiones he afirmado que, si no hubiera conocido las canciones de Brassens, hubiera sido un arquitecto que iba a conciertos de música clásica y nada más. A partir de Brassens comprendí que las canciones sirven para contar historias, además de para transmitir sensaciones personales. Se pueden hacer malabarismos de alto nivel con la prosodia. Se puede cantar y hacer melodías de gran riqueza armónica, como ese gusto de Brassens por cambiar cada acorde en casi cada sílaba. Por supuesto, además de Brassens, me han influido otros compositores como Boris Vian, Kurt Weill o Brel. También cosas de la canción cómica napolitana, pero más que eso, las baladas populares sicilianas, como las de Ignazio Buttitta y Ciccio Busacca.

Uno de los *extended play* publicados de forma independiente por Cantacronache.

VILLA WANDA: A pesar de tratar temas políticos sus canciones son muy divertidas. ¿Qué papel juega el humor para usted, tanto en la vida como en la música?

FAUSTO AMODEI: La crítica política hecha con ironía es la sátira más eficaz. Mucho más que cualquier himno, y eso que yo también he hecho himnos. Creo que los humoristas son los oradores más eficaces.

VILLA WANDA: ¿Qué era Cantacronache?

FAUSTO AMODEI: El lema del grupo Cantacronache era *evadirse de la evasión*. Es decir, aportar a la canción un cierto enganche con la realidad social y material, para que fuera percibida como algo actual y permitiera entender qué estaba sucediendo, con la esperanza, o tal vez la ilusión, de ayudar a mejorarla.

VILLA WANDA: También fue una revista, ¿no?

FAUSTO AMODEI: Sí, fue una revista impresa en ciclostil que duró solo tres números. Nada históricamente relevante.

VILLA WANDA: ¿Qué influencia tuvo el Festival de San Remo en la evolución de Cantacronache?

FAUSTO AMODEI: San Remo representaba todo o casi todo aquello que nosotros nunca hubiéramos querido hacer con la canción.

VILLA WANDA: En Cantacronache colaboraron Gianni Rodari, Umberto Eco o Italo Calvino. ¿Como era trabajar con ellos? Creo que una de sus canciones, *Il Gallo*, fue escrita junto a Calvino, que incluso se animaba a cantar en el escenario.

Reedición en *Long Play* de algunas de las canciones de Cantacronache previamente editadas en *EP* de manera independiente.

FAUSTO AMODEI: No, *Il Gallo* es una canción mía, tanto en lo que se refiere a la música como a la letra. Calvino ahí no intervino. Sí que pudieron inspirarme de alguna manera las novelas de Vitaliano Brancati, que siempre giran alrededor del *gallismo*. Es decir, del donjuanismo del italiano medio. Los textos de Calvino en Cantacronache fueron siempre musicados por Sergio Liberovici, mientras que los que yo adaptaba eran casi todos los de Michele L. Straniero. Lo que sí es cierto es que, efectivamente, algunas veces Calvino salía al escenario con nosotros para interpretar, muy desafinado, sus canciones.

VILLA WANDA: Además de Calvino o Eco, ¿tuvo contacto con otros intelectuales de la época? Personajes como Pasolini, Luciano Bianciardi, Feltrinelli, Fellini, Gassman...?

FAUSTO AMODEI: No tuve ocasión de frecuentar los célebres intelectuales de la época. Solo me relacioné con aquellos que giraban en torno a Cantacronache, incluidos Umberto Eco y Luciano Berio, aunque de forma muy irregular.

VILLA WANDA: ¿Tuvo relación con otros cantantes de los años 60 y 70 como Fabrizio De André, Dalla o Conte? Con Jannacci sí que tuvo relación, ¿no es cierto?

FAUSTO AMODEI: Nunca conocí en persona a ninguno de esos cantantes que citas, a excepción de Jannacci, que interpretó en el teatro e incluso registró en disco, una de mis canciones, *Qualcosa da aspettare*, por sugerencia de Dario Fo.

VILLA WANDA: ¿Cómo era la Italia de los años 50 y 60, especialmente en lo que se refiere a su situación política? ¿Cómo se explica que, después de la guerra, destacados fascistas ocupasen puestos de responsabilidad en la sociedad, en la magistratura y en el Parlamento?

FAUSTO AMODEI: Italia estaba dominada por la Democracia Cristiana, una clase política paternalista, fanática y cada vez más clientelar. Para ser exactos, la Democracia Cristiana no colaboró con los fascistas, con el Movimiento Social Italiano (MSI), hasta el gobierno de Tambroni en 1960, cuando se inició el proceso que desembocó en los acontecimientos de Reggio Emilia.

Lauro Farioli, uno de los muertos de Reggio Emilia, es atendido por sus compañeros tras ser alcanzado por los disparos de la policía.

El hecho de que los fascistas ocupasen puestos de responsabilidad, especialmente en el campo de la administración y en el funcionariado, derivaba en gran parte de la amnistía proclamada en los primeros años 50 por el entonces ministro de Justicia, Palmiro Togliatti. Una decisión que impidió que en Italia hubiera una verdadera depuración parecida a un proceso de Núremberg. En Alemania han ajustado más cuentas con su propio pasado de lo que se ha hecho en Italia.

VILLA WANDA: En 1960 sucedió la masacre de Reggio Emilia. ¿Recuerda cómo se enteró de la noticia y cómo compuso *Per i morti...*?

FAUSTO AMODEI: En julio de 1960 estaba haciendo el servicio militar como cabo de los Alpinos, en un cuartel de Verona lleno de reclutas. Ya estaba afiliado al Partido Socialista, pero en el cuartel no logré encontrar a nadie que compartiera mis ideas para poder hablar de política. Por tanto, solo me ocupaba del tema durante los permisos, en los que me encontraba con amigos socialistas y comunistas.

Algunos de los miembros de Cantacronache. Amodei (izquierda), Michele L. Straniero (centro) y Margot (derecha).

Cuando ocurrieron los acontecimientos de Reggio Emilia, mientras se sucedían las manifestaciones en las plazas de diferentes ciudades, en el cuartel corría el rumor de que nosotros, los soldados que estábamos haciendo el servicio militar, podríamos ser utilizados en labores de orden público. Al final eso no sucedió, pero la complejidad de la situación me provocó tanta angustia e indignación, que decidí canalizarlo a través de una canción que compuse durante un permiso. Es de mencionar que esta canción, compuesta en el 60, solo tuvo resonancia y comenzó a ser cantada en el 68.

VILLA WANDA: *Per i morti di Reggio Emilia* es tal vez la más popular de sus canciones. Una especie de himno que se canta, en muchas ocasiones, sin que los que lo hacen sepan quién es el autor. ¿Le agrada ese anonimato?

FAUSTO AMODEI: Que se cite *Per i morti di Reggio Emilia* como la canción de un autor anónimo es algo que me enorgullece y me hace sentir, creo que de forma inmerecida, voz del pueblo.

VILLA WANDA: ¿Cuál era su relación con la censura? ¿Tuvo algún problema con ella?

FAUSTO AMODEI: Debido a la escasa difusión de mis canciones, nunca emitidas por la radio o por la televisión, los censores no me molestaron excesivamente. Podríamos decir que me han ignorado completamente, a excepción de una vez en un concierto en Siena. Interpreté *O Gorizia tu sei maledetta*, una canción sobre la Gran Guerra en la que maldecía a los oficiales y fui denunciado por injurias a las Fuerzas Armadas. Me absolvieron casi inmediatamente.

VILLA WANDA: Desde el 68 al 72 fue diputado. ¿Cómo fue la experiencia, habida cuenta de que en el 69 se produjo la matanza de Piazza Fontana?

Imagen de las revueltas desencadenadas después de la carga policial que provocó la muerte de cinco trabajadores en Reggio Emilia el 7 de julio de 1960.

FAUSTO AMODEI: Si bien en Turín mi partido estaba muy comprometido con las actividades en las fábricas, en Roma, como diputado del Partido Socialista Italiano de Unidad Proletaria (PSIUP), me ocupaba, por mi perfil de arquitecto, únicamente de labores relacionadas con la Comisión de Obras Públicas. Seguía la tramitación de las leyes urbanísticas e intentaba que se impidiera toda especulación con los terrenos y la vivienda. Para ser sinceros, mi partido, tal vez por considerar estas batallas demasiado reformistas, nunca me apoyó. Por tanto, cuando la experiencia del PSIUP se cerró en el 72, no fue una gran desilusión. En esa legislatura se aprobó el divorcio, el Estatuto de los Trabajadores, se estableció la organización administrativa por regiones... La matanza de Piazza Fontana no me golpeó como diputado, sino como militante. Más dramático que el atentado de Milán fue ver a los tanques soviéticos entrar en Praga, y cómo la actitud equívoca de mi partido a la hora de pronunciarse ante ese hecho provocó que se acelerase su desaparición.

VILLA WANDA: ¿Cómo recuerda esos años de la estrategia de la tensión y la campaña que culpaba a la izquierda de todas las acciones violentas?

FAUSTO AMODEI: Las posibilidades de reaccionar con contundencia ante ese fenómeno de desinformación de la opinión pública se vieron debilitadas, en gran medida, por la presencia de un verdadero terrorismo de izquierda, desarrollado por Brigadas Rojas o Primera Línea. Afortunadamente nunca fue apoyado por la izquierda oficial. En ese sentido, la responsabilidad de la estrategia de la tensión no fue únicamente de la derecha.

VILLA WANDA: ¿Ha sufrido amenazas alguna vez por sus canciones?

FAUSTO AMODEI: Nada relevante. Para ser sincero, he tenido algunas amenazas sin consecuencias, pero de los extremistas de izquierda.

VILLA WANDA: Otra de sus canciones es *Se non li conoscete*. Un tema de los años 70 en el que se describe lo que es el prototipo del fascista de toda la vida. ¿Cree que continúa vigente? ¿Siguen presentes esos fascistas en la sociedad?

Sexto *extended play* de Cantacronache. Además de *Per i morti de Reggio Emilia,* incluye otras tres canciones: *Il ratto della chitarra*, *Una carriera* y *Ero un consumatore.*

FAUSTO AMODEI: A los grupitos de jóvenes neofascistas o neonazis, como Casa Pound, todavía les encaja bastante bien la burla de *Se non li conoscete.* Más graves son los veinte años del gobierno de Berlusconi, que ha metido a los fascistas en el gobierno de la República, o los actuales fenómenos populistas como los de Salvini, los de la Liga Norte o el Movimiento 5 estrellas, para los que no basta una simple burla.

VILLA WANDA: Los asesinatos de Reggio Emilia, la matanza de Piazza Fontana, el referéndum del divorcio, Agnelli, la FIAT, *Il Cavaliere*... ¿Cree que es posible conocer la historia de Italia a través de sus canciones?

FAUSTO AMODEI: Bueno, no sé. He intentado seguir lo más posible los acontecimientos dedicándole una canción a cada uno de ellos. Sin embargo, hay muchos huecos. Por otra parte, tampoco hay muchos cantautores jóvenes que los estén rellenando. A mí siempre me ha gustado dar nombres, apellidos, fechas y datos de los hechos que cuento. Ahora se es más partidario de la metáfora, de eludir los detalles. ¿Quién sabe cuál de las dos cosas es mejor para fijar en la memoria colectiva el recuerdo de los acontecimientos?

VILLA WANDA: Para finalizar, a finales del 2015, Licio Gelli falleció en su villa de Arezzo en arresto domiciliario. Gelli estuvo envuelto en buena parte de los hechos más trágicos de la historia italiana reciente. Masacres, fraudes, asesinatos, servicios secretos, atentados de la extrema derecha. ¿Muere con él esa Italia del fascismo y de la tensión o sigue viva a través de figuras como Berlusconi, sus amigos y sus fiestas *bunga-bunga*?

FAUSTO AMODEI: Personalmente no albergo demasiado entusiasmo ni esperanza. La situación, no solo en Italia o Europa, sino en todo el mundo, es muy compleja. Creo que el mundo se está escorando hacia la derecha. Tal vez no en el sentido nazi-fascista, pero sí de forma radical y nada moderada. En todo caso, ya tengo 81 años y paso el testigo a aquellos que tienen 40, 30, 20 años menos que yo. ¡Mucha suerte!

«Mira, Tacconi, allí, en la ciudad, me han dejado en un estado en el que a duras penas me defiendo; allí, si te caes al suelo nadie te levanta, y la fuerza que tengo apenas me basta para evitar que me coman las ratas, y consigo vivir, sí, pero créeme también cuando te digo que allí, en la ciudad, la vida es agria».

La vida agria

En 1962 Luciano Bianciardi publicó *La vida agria (La vita agra*). Una novela en la que mezclaba vivencias personales con elementos de ficción para narrar la historia de un joven de provincias que se desplaza a Milán con la intención de cometer un atentado contra la sede de una compañía minera. Semejante acción tendría como objetivo vengar a varias decenas de trabajadores fallecidos tras un derrumbamiento provocado por las malas condiciones de las instalaciones.

Alejado de su esposa y de su hijo, a los que debe enviar periódicamente dinero para su manutención, el narrador inicia en la ciudad una nueva relación sentimental y, poco a poco, se convierte en una pieza más de ese supuesto «milagro económico italiano». Un ejemplo de desarrollismo capitalista, que mejoró las condiciones de vida de unos pocos a costa del desgaste y esfuerzo de la mayoría de la población italiana.

«El mundo es así, ¿es que no me había enterado todavía?», comenta el narrador al comprobar la crueldad de la vida en la gran ciudad. Lo cierto es que pocas novelas describen de forma tan minuciosa y clara la sociedad italiana de los sesenta y, por extensión, la de casi toda Europa.

Por las páginas del libro se suceden escenas y reflexiones que explican el funcionamiento de la sociedad capitalista actual. Entre ellas, la explotación laboral a la que están sometidos los trabajadores, la falta de solidaridad entre los empleados para agradar a los cargos intermedios, la precariedad laboral del autónomo, el trabajo a destajo, la falta de cobertura sanitaria, las reivindicaciones sindicales, alguna que otra técnica de guerrilla urbana, la represión policial, la burocracia de los partidos comunistas, el rechazo al anarquismo por parte de los militantes de esas mismas agrupaciones, los medios de comunicación, la dificultad para hacer frente a un alquiler, los retrasos en los pagos de los clientes, el afán recaudatorio de Hacienda, las compras a plazos, los intelectuales de izquierdas, el neorrealismo, el realismo, el hombre nuevo, las utopías sociales, las relaciones sexuales, el acoso de los vendedores a domicilio, la alienación del hombre moderno, la hostilidad del entorno urbano, la deshumanización de sus habitantes...

Bianciardi sabía bien de lo que hablaba. Tras combatir en la Segunda Guerra Mundial, regresó a Grosseto, localidad en la que había nacido. Allí se encargó de dirigir la biblioteca pública, para la cual creó incluso un bibliobús, que recorría los diferentes pueblos de la Toscana para acercar la literatura a sus habitantes. En Grosseto, el escritor empezó a desarrollar una labor en defensa de las condiciones laborales de los mineros de la zona y sus familias. Sin embargo, la muerte de 43 de ellos en una explosión provocada por las malas condiciones de ventilación de los pozos le causó tal impresión, que decidió abandonar el lugar y trasladarse a Milán.

Portada de la edición española de *La vida agria* (Errata Naturae, 2012).

En la ciudad participó en la creación de la editorial Feltrinelli, para la cual trabajó como traductor hasta que fue despedido por «bajo rendimiento». A partir de entonces comenzaría a colaborar como traductor externo para diferentes editoriales y como articulista para periódicos y revistas. Todo ello en unas condiciones muy semejantes a las que narra en *La vida agria*.

«Si por casualidad ves a Otello Tacconi dile que no se preocupe por el asunto aquel, que estoy en ello», le pide el protagonista a su esposa al despedirse de ella antes de trasladarse a la ciudad. «El asunto aquel» al que se refiere no es otro que hacer estallar la sede de la empresa minera. Una acción que, aunque no se le va de la cabeza, nunca se realizará. «Mientras tanto había que ganarse el pan, con lo que me puse a trabajar».

Entrevista
Alvaro Bertani

Alvaro Bertani se autodefine como «hijo de la guerra». Además de ese hecho fruto del azar, por elección propia ha sido bailarín de la Scala de Milán, periodista y escritor. En la actualidad, colabora con la editorial ExCogita y la Fundación Luciano Bianciardi, ambas dedicadas a investigar y dar a conocer la obra del escritor toscano.

En 2007 publicó *Da Grosseto a Milano: la vita breve di Luciano Bianciardi*, biografía sobre el autor de *La vida agria* donde repasa su intensa existencia en la que hubo hueco, además de para escribir algunos de los libros claves de la literatura italiana del siglo xx, para ejercer de bibliotecario, profesor, periodista y traductor de autores como John Steinbeck, William Faulkner, Arthur Miller y Saul Bellow.

VILLA WANDA: *La vida agria* comienza con la llegada del narrador a Milán. La razón para trasladarse a la ciudad es vengar a un grupo de mineros de su provincia muertos por la codicia de la empresa minera. ¿Es un mero atentado terrorista o es un acto de justicia? ¿Qué pensaba Bianciardi sobre la acción directa?

Ugo Tognazzi durante el rodaje de la adaptación de *La vida agria* dirigida por Carlo Lizzani.

ALVARO BERTANI: Bianciardi no es un terrorista. No es un violento, pero desea que se haga justicia en relación a la muerte de 43 mineros por la explosión de una mina en Ribolla el 4 de mayo de 1954. Piensa que la responsabilidad del accidente es de la empresa propietaria de la mina, la Montecatini. Por eso se inventa *la misión*, que en la novela viene encargada por Otello Tacconi, un personaje que existió. En realidad, *la bomba* que Bianciardi intenta hacer explotar es la novela en sí misma, a través de la cual denuncia los hechos contra la Montecatini. Sin embargo, y en contra de sus expectativas, el libro obtuvo un gran éxito de público y crítica. Un hecho que aumentó la crisis y el malestar que vivía Bianciardi.

VILLA WANDA: Finalmente la acción no llega a realizarse. La vida en la ciudad hace imposible actuar contra la compañía minera. En su opinión, ¿es *La vida agria* una novela sobre el fracaso o sobre la posibilidad de otra forma resistencia?

Instalaciones de la compañía Montecatini en la localidad toscana de Ribolla, fotografiadas en los años 50.

ALVARO BERTANI: Como decía antes, la buena acogida de la novela hizo que Bianciardi fuera etiquetado no como un revolucionario o un terrorista, sino como un amargado contra la sociedad. Como un intelectual excéntrico pero inocuo. El libro demuestra que el poder, a través del consenso, es capaz de asimilar al *enemigo*. Lo atrapa y le obliga a transformarse en un representante de comercio o en un bufón, como el propio Bianciardi declaró en una carta enviada a Mario Terrosi, un amigo suyo de la infancia. De hecho, durante la presentación del libro en varias ciudades italianas, afirmó: «me siento como un actor de vodevil. Siempre con los mismos chistes pero intentando que parezcan dichos por primera vez». En ese sentido, la novela no es nada optimista. Es una declaración de derrota que no prevé otra salida que no sea la guerrilla urbana y conseguir el poder a través de la revolución. Una revolución que, por otra parte, nunca puede tener fin porque, si se transforma en gobierno, y esta es la clave de su planteamiento, es una revolución fallida.

VILLA WANDA: El narrador aborda en el libro la burocracia de los partidos comunistas y socialistas y las dificultades que supone para la lucha.

Son tantas las exigencias que se les ponen a los militantes, que se acaban aburriendo y abandonando. ¿Cree que fueron estos sentimientos el germen de los movimientos extraparlamentarios de izquierdas que surgieron en los 60 y 70?

ALVARO BERTANI: Antes de nada, no hay que olvidar que la acción del libro se desarrolla en los primeros años 60. En ese momento, el Partido Comunista vivía todavía una semi clandestinidad. La organización era piramidal, fragmentada, subdividida en células que estaban desconectadas unas de otras. Esto provocaba que fuera difícil la inscripción en una de ellas o la comunicación entre sí. En la novela, al ridiculizar la inscripción de Anna en una de esas células milanesas, Bianciardi evidencia esta enorme y tal vez inútil fragmentación.

Funeral por los mineros muertos en las instalaciones de la Montecatini (Ribolla, 1954). El accidente inspiró a Bianciardi *La vida agria.*

No descarto que el *sistema* empleado por el PCI haya ayudado a impulsar el nacimiento de los movimientos extraparlamentarios posteriores al 68 que, descontentos con la elefántica e inmóvil organización del Partido Comunista, buscaban una acción más agresiva. Sin embargo, es necesario tomar nota del malestar de las capas menos favorecidas de la sociedad que a través de las luchas sindicales y con el nacimiento de las formaciones más integristas y subversivas, condicionaron en cierto sentido las decisiones de las organizaciones armadas. Unos grupos que temieron perder el momento favorable y dieron lugar a los años de plomo que tanto inquietaron al país.

VILLA WANDA: ¿Dónde aprendió Bianciardi todo lo referente a la acción directa y la lucha clandestina del capítulo IV de *La vida agria*?

ALVARO BERTANI: En primer lugar, de Maquiavelo. Después, de los escritos de Carlo Pisacane y Ernesto *Che* Guevara, sin olvidar su ilimitada admiración hacia Giuseppe Garibaldi. Con todo ello, Bianciardi se forma una imagen precisa de la revolución y de cómo llevarla a cabo. Incluso llega a detallar un plan en tiempo y forma en el capítulo IV. No hay que olvidar que Bianciardi es escritor, traductor y periodista. Tiene una gran cultura y, sobre todo, le encanta documentarse hasta el exceso cuando se trata de hablar de un tema que le toca muy adentro. Además, su trabajo como traductor le proporciona acceso a noticias que no acostumbran a llegar al gran público. Datos que él acumula en su prodigiosa memoria y que, cuando es necesario, sabe utilizar al máximo.

VILLA WANDA: ¿Dónde está la frontera entre la realidad y la ficción en *La vida agria*? ¿Pensó Bianciardi en realizar una acción armada de la misma forma que Feltrinelli montó los Grupos Armados Partisanos?

La admiración de Bianciardi por Garibaldi le llevó a escribir un libro sobre el líder italiano. En él, Bianciardi intentó «bajarlo del pedestal y presentarlo como un hombre».

ALVARO BERTANI: En la novela, la realidad y la ficción se mezclan, pero la realidad de los hechos permanece siempre muy presente. Bianciardi nunca habría actuado personalmente en una acción armada. No era su estilo. Podemos definirlo como un teórico de la revolución, uno de aquellos que podrían haber acabado en prisión bajo la acusación de actividades subversivas, especialmente si se lee con atención su último libro *Aprire il fuoco*. Por el contrario, Giangiacomo Feltrinelli, fundador del GAP, era un personaje un tanto ambivalente. Casi un oxímoron viviente, si se piensa en la definición de «millonario comunista» que se le había dado y que, en cierto modo, representaba un verdadero contrasentido. La venganza de Bianciardi, repito, tenía una forma completamente diferente a la de Feltrinelli. Bianciardi deseaba que la Montecatini asumiese sus responsabilidades sobre lo que, en el fondo, había sido un homicidio en masa. Que

Publicado en 1957, *Il lavoro culturale* (*El trabajo cultural*) inauguró la que se conocerá como *La trilogía de la rabia*, formada también por *L'integrazione* (La integración, 1960) y *La vida agria* (1962).

La población italiana muestra su apoyo a los mineros fallecidos. En la pancarta se lee «la solidaridad de todos los ciudadanos asegura la vida a las familias de los heroicos mineros».

fuera condenada por negligencia y no absuelta, como sucedió en el proceso sobre los hechos de Ribolla.

VILLA WANDA: Hablando de Feltrinelli, ¿por qué *La vida agria* fue publicada por Rizzoli y no por Feltrinelli, para quien Bianciardi había trabajado como traductor?

ALVARO BERTANI: La relación de Bianciardi con la editorial Feltrinelli y con Giangiacomo Feltrinelli era de naturaleza un tanto ambigua. Bianciardi había sido despedido de Feltrinelli por «bajo rendimiento», al menos esta fue la explicación oficial. Sin embargo, continuaba ligado a la empresa porque su calidad como traductor no era algo que le pasase desapercibido a Feltrinelli. Aunque lo mantenía lejos de la redacción, le proporcionaba trabajos de traductor. La novela, que había desatado el entusiasmo de Italo Calvino después de la lectura del manuscrito, había sido propuesta en un primer momento a Feltrinelli, pero dudaban en publicarla. Rizzoli mostró interés por el libro e, inmediatamente, fue aceptado y publicado.

VILLA WANDA: *La vida agria* apareció en 1962. Su trama gira alrededor de un suceso trágico, como es la muerte de los mineros por la negligencia de la empresa. En ella se muestra claramente la opinión de Bianciardi sobre el hecho, pero ¿sabemos cuál era su valoración de otros acontecimientos de la historia italiana? Por ejemplo, el atentado de Piazza Fontana, Gladio o que Rizzoli estuviera vinculada a la Propaganda Dos.

ALVARO BERTANI: Bianciardi no pudo saber que había un vínculo entre Rizzoli y la Propaganda Dos porque, al tratarse de una organización secreta, el nombre de la logia no era público. Propaganda Dos era una logia masónica desviada y, al menos en la época de Bianciardi, todavía mantenía la tradición, al menos en su forma externa. El escándalo que lleva al Gran Oriente de Italia a suspender la P2, se produce en 1976 y se concreta en los años siguientes a la muerte de Bianciardi, el 14 de noviembre de 1976. El conocimiento público del escándalo llega en 1982, gracias a la comisión parlamentaria de Anselmi. De Gladio se oye hablar por primera vez a finales de los años 70 y primeros 80 a través de una revelación realizada por Vincenzo Vinciguerra, exmiembro de *Ordine Nuovo*. En esa época Bianciardi ya estaba fuera de juego. Lo mismo sucede con el atentado de la estación de Bolonia, que es en agosto de 1980. Nos quedan los acontecimientos de Piazza Fontana, acontecidos en Milán el 12 de diciembre de 1969 y considerados como el inicio de los años de plomo. En ese momento Bianciardi está todavía vivo y, aunque no se pronuncia oficialmente, a la vista de la sospechosa rapidez con la que fueron arrestados y acusados dos anarquistas, Pietro Valpreda y Giuseppe Pinelli, sus sospechas apuntan hacia una derecha subversiva.

VILLA WANDA: *La vida agria* aborda el milagro económico italiano de los años 50 y 60. Un milagro resultado del trabajo de gran parte de la población pero disfrutado solo por una pequeña parte de los italianos. ¿Cree que Bianciardi anticipa el malestar de los obreros y estudiantes de los años 60 y la guerrilla de los 70?

Portada de *La vida agria* en la Biblioteca Universale Rizzoli (BUR).

ALVARO BERTANI: Una de las particularidades de Bianciardi es la de ver el futuro con una claridad no siempre compartida por los demás. En *La vida agria* se habla del *boom* económico italiano de aquellos años, pero Bianciardi lo hace en sentido negativo, desde el momento en que ve la falacia de un bienestar a expensas de las masas pobres. La ilusión, de hecho, se derrumba poco tiempo después. El malestar de los trabajadores y los estudiantes que explota con las protestas y las huelgas de finales de los 60 viene de atrás. Su origen ideológico puede encontrarse en las huelgas de las grandes fábricas después de la Primera Guerra Mundial, en las condiciones de precariedad de una población sin trabajo y sin esperanzas de futuro, en la corrupción de los patrones y, en definitiva, en el nacimiento del fascismo. Primero con los *fasci di combattimento* de 1919 que, en 1921, se convertirían en el Partido Nacional Fascista. En los años 70, el pueblo italiano no puede y no quiere permitir el regreso al pasado y una parte de él sale, una vez más, a la calle con las huelgas y las protestas.

Eso es lo que ha sucedido en el país entre 1970 y 1990. Algo que no es otra cosa que la tensión surgida entre dos posiciones, el poder y la impotencia, demasiado distantes entre sí como para entenderse. En la grieta generada por esta separación es sencillo que se infiltre la subversión, tanto de izquierdas como de derechas. El resultado de ello es el caos en el que se vio envuelta durante mucho tiempo la población italiana. Bianciardi anticipa todo esto, pero solo desde un punto de vista ideológico. Lo que no es capaz de concebir son los atentados de Piazza Fontana, del tren Italicus, de la estación de Bolonia, de la Piazza della Loggia.

Manifestación en demanda de mejores condiciones laborales en el sector de la minería italiana y en contra de los cierres patronales.

VILLA WANDA: Tal vez esté equivocado, pero creo que hay ciertas conexiones entre *La vida agria* y *Storia di un impiegato* de Fabrizio De André. ¿Se conocían Bianciardi y De André?

ALVARO BERTANI: No dispongo de elementos para afirmar que Bianciardi conociera personalmente a De André. Sin embargo, son muchos los escritores, intelectuales y artistas que han visto a Bianciardi como un maestro y lo reivindican, incluso hoy en día. No descarto que De André conociera a Bianciardi, al menos su obra literaria y que le haya servido de inspiración.

VILLA WANDA: ¿Cuál era la relación entre Bianciardi y otros escritores como Dario Fo, Moravia, Calvino...? ¿Estaba dentro de los círculos literarios o era un *outsider*?

ALVARO BERTANI: Se conocían y en ocasiones hubo amistad, como con Lucio Mastronardi, autor de *El maestro de Vigevano*. Sin embargo,

Bianciardi nunca se integró verdaderamente entre los escritores y los intelectuales de su época. Como comentaba, Calvino fue el primero en entusiasmarse con *La vida agria*. A Moravia, Bianciardi le imitaba el estilo de escritura. Dario Fo prologó el volumen *L'alibi del progresso* publicado en 2000 por ExCogita. A pesar de todo, Bianciardi estuvo siempre, por propia elección, fuera de juego, lo que no lo favoreció precisamente.

VILLA WANDA: ¿Quiénes fueron los primeros lectores de *La vida agria*? ¿Cómo fue recibida?

ALVARO BERTANI: Cuando apareció, *La vida agria* se consideró una novela necesaria. Fue vista como una novela con un lenguaje nuevo. La crítica literaria de la época se entusiasmó con este intelectual *rabioso*, la alta sociedad de Milán se disputaba al escritor para que acudiera a sus fiestas, el mundo de la cultura lo acogió como una revelación, los periódicos alababan el libro. El público agotó quince mil ejemplares en unos pocos días y el editor se vio obligado a reimprimir. Fue un éxito. Nadie se escandalizó o se ofendió del contenido del texto bianciardiano. ¿Por qué? Sencillamente porque, como ya he dicho, el poder asimila al enemigo transformándolo en un bufón y no se teme a un bufón. Ni siquiera se puede uno ofender por sus chistes. Todo esto generó un gran malestar en Bianciardi que pensó: «Pero, ¿cómo? Me deberían expulsar de Milán o echarme a un lado y sin embargo me invitan a que vaya a su casa...». Bueno, esa era la realidad y él tomó nota. Continuaría siendo un escritor incómodo hasta el fin de sus días pero, cuando murió, el poder se vengó. Bianciardi se convirtió en un escritor olvidado. Solo la terquedad y la constancia de su hija han logrado hacerle resurgir de las cenizas a las que lo había reducido el poder.

«Deberían expulsarme de Milán y me invitan a sus fiestas». Luciano Bianciardi.

Fabrizio De André

La revolución de un hombre gris

En 1973, el cantautor genovés Fabrizio De André presentó *Storia di un impiegato*. Era su tercer álbum conceptual. En 1970 había publicado *La buona novella*, un disco dedicado enteramente a la anunciación de la Virgen María que pilló con el pie cambiado incluso a los curas más modernos, con permiso del oxímoron. En 1971, fue el turno de *Non al denaro non all'amore né al cielo*, una adaptación de *La antología de Spoon River* de Edgar Lee Masters, que acababa de ser traducida al italiano por su amiga Fernanda Pivano.

Storia di un impiegato, sin embargo, nada tenia que ver ni con vírgenes ni con los finados de un perdido pueblo norteamericano. El disco era un reflejo de la realidad italiana del momento: la izquierda extraparlamentaria, el control de las instituciones por una derecha heredera del fascismo y la guerrilla urbana.

En ese escenario de tensión social y política, un empleado de vida rutinaria y tediosa que se pasa el día *«contándole los dientes a los sellos de correos»*, escucha por casualidad una canción que fue popular durante el mayo francés. De repente, algo hace clic en su cabeza.

«Estábamos trabajando en el disco cuando apareció una canción francesa que le dio sentido a todo», recordaba en una entrevista Roberto Dané, colaborador de Fabrizio De André. «Era la *Canzone del maggio*. No sé cómo dimos con ella. Llegaban hojas ciclostiladas, revistas, publicaciones, material de contrainformación, discos, libros de todo el mundo. En esa corriente de cosas apareció ese *single* a 45 revoluciones en el que cantaba una chica. Nos encantó y quisimos adaptarla al italiano».

Portada de *Storia di un impiegato.*

Dané telefoneó a París y preguntó a sus amigos de las discográficas con intención de conseguir el contacto de la compañía que había editado el disco. Para su sorpresa, nadie sabía nada.

«Un día, a través de un amigo que estaba metido en política, conseguí hablar con Cavanna y Wolinski, que tenían una revista de humor –recuerda Dané–. Viajé a París en el primer avión para encontrarme con Wolinski, que me puso en manos de una persona de su confianza. Como si fuera una película, con mucho secretismo, me metió en un coche y me dio vueltas y vueltas por la ciudad, hasta que llegamos a una casa donde me presentaron a la muchacha que cantaba en el disco. La perseguía la policía. Cuando le pedí los derechos de la canción me dijo que nos la regalaba, que era una canción de todos».

Storia di un impiegato se desarrolla cinco años después de los acontecimientos del 68. Para entonces, las reivindicaciones bienintencionadas de los estudiantes franceses resultaban muy ingenuas. Al menos en una Italia sometida a una tensión política sin precedentes desde la Segunda Guerra Mundial. A pesar de todo, el empleado protagonista del disco escucha *Canzone del maggio* y decide que ha llegado el momento de actuar. Solo la acción directa, piensa, puede destruir la sociedad burguesa de una vez por todas.

En ese estado de ebullición, el empleado comienza a tener extraños sueños. En uno de ellos se ve ante un juez, que le agradece su acción violenta por lo que tiene de refuerzo del poder establecido. «*También tú has juzgado* –le dice el magistrado– */ Has absuelto y has condenado / Al hacer lo que has hecho / por encima de mi autoridad / al poder has agradado*».

Por si el empleado no hubiera entendido bien lo infructuosa que será su lucha, el juez se lo explica con otras palabras: «*Una vez, un juez como yo decidió juzgar a los que habían dictado la ley: primero cambiaron al juez, inmediatamente después, la ley*».

A pesar de todo, el magistrado le da a elegir. ¿Desea continuar con sus ansias revolucionarias o prefiere una vida reposada? El empleado se lo piensa. ¿Debería optar por una vida cómoda como la de su padre o continuar con su lucha? ¿Desea una vida ordenada y burguesa o prefiere una vida sin ataduras ni hipocresía? Se decide: «*Señoría, sois un hijo de puta / (...) / Esperadme fuera de este sueño y nos veremos las caras / Comienzo de nuevo*». Finaliza el sexto corte del disco. Empieza la fiesta.

En *Il bombarolo,* el gris empleado se ha convertido ya en un concienzudo barrenero. «*Los que van diciendo por ahí que no me gusta mi trabajo / no saben con cuánto cariño me dedico a la trilita*», canta, mientras camina por la ciudad buscando el lugar idóneo donde colocar el explosivo.

Aunque su deseo inicial es volar el Parlamento, lo que finalmente hace estallar es un triste quiosco de periódicos. Por el aire vuelan las hojas de los diarios. Los mismos que, al día siguiente, llevarán su ridícula hazaña en las portadas.

La acción ha sido un fracaso. El empleado es detenido por la policía. No solo le atormenta haber fallado. Su mayor preocupación es qué pensará su mujer cuando se entere. Qué será de su vida sin él y, lo peor de todo, qué les dirá a aquellos que *«acudan a preguntarte sobre nuestro amor»*, la penúltima canción del LP.

El disco finaliza con el empleado en prisión. Allí, entre otros iguales a él, reflexiona sobre lo hecho. Lejos de caer derrotado, cada vez es más consciente de lo necesario de su lucha: *«Nos han enseñado / que hay que estar contra la gente que roba pan / Sin embargo, ahora sabemos que lo que es un delito es no robar cuando se tiene hambre»*. Tampoco ahorra críticas al sistema judicial: *«Respecto a vosotros, cómo podéis creer que absolvéis / cuando estáis totalmente involucrados»*.

Fabrizio De André.

Como los jueces que procesan al empleado, los críticos que valoraron el disco en su momento fueron totalmente inmisericordes. La censura obligó a retocar algunas estrofas de *Canzone del maggio* y al conjunto se lo tachó de confuso, farragoso y mal escrito.

Fiorella Gentile, en un artículo títulado *Un disco da 'leggere',* describía el trabajo como deshilvanado, sin ningún encanto y cuya música era una mezcla entre banda sonora de película de mafiosos («con el sintetizador en el lugar de un arpa de boca») y un *giallo* de Dario Argento («con el bajo que reproduce el latido cardiaco»). Incluso colegas de profesión de Fabrizio De André, como el cantautor Giorgio Gaber, cargaron contra el disco. Para el cantautor milanés, militante comunista, era difícil determinar si *Storia di un impiegato* era un disco «liberal o extraparlamentario».

De André se mostró muy molesto con las palabras de Gaber. En una entrevista de 1974 para *Domenica del Corriere*, se refirió a su actitud diciendo que «podía haberme llamado en lugar de contarle esas cosas al primer periodista que encontró». De cualquier manera, De André se mostró receptivo a las críticas sobre la calidad del disco: «Dudo constantemente. *Storia di un impiegato* lo hemos escrito Bentivoglio, Piovani y yo en un año y medio muy tormentoso pero, cuando salió, deseé quemarlo. Era la primera vez que me declaraba políticamente y creo que usé un lenguaje demasiado oscuro, difícil. No sé si conseguí explicarme».

«Ahora os gusta el disco a todos, pero durante años no podía ni interpretarlo en directo. A buenas horas».

A continuación, intentaba aclarar el contenido del disco. Trata de «un empleado, un cargo intermedio que no pertenece a ninguna clase, ni al capitalismo ni al proletariado, que busca una justificación a su vida cometiendo un acto de individualismo anarquista: poner una bomba», afirmaba De André al periodista Gigi Speroni. «Acaba en prisión como un hijo descartado de la burguesía que, finalmente, comprende muchas cosas. Por ejemplo, que la revuelta individual es un mero hecho estético, que para cambiar las cosas es necesaria una acción colectiva. La conclusión, como se puede ver, no es amarga».

Preguntado por Speroni si él ya había optado por esa lucha, si por fin se había decidido a afiliarse a un partido político, De André respondía sin rubor: «no, eso concretamente no. Para mí, el discurso colectivo abarca seis, siete personas como mucho».

MI CASA ES SU CASA

Volumen 6
MMXIX

VILLA WANDA

Relación de personajes vinculados de una u otra manera a Villa Wanda, cuyo conocimiento facilita la lectura y comprensión de este opúsculo, al tiempo que alimenta el interés sobre el tema que, como ya habrán visto, es mucho.

Dramatis personae

Abbatino, Maurizio
Miembro de la Banda de la Magliana y uno de los líderes de la misma tras el asesinato de Franco Giuseppucci. Después de su detención, provocada por un arrepentido, Abbatino se distanció de sus compañeros y huyó a Venezuela. En venganza, sus excompañeros decidieron matar a su hermano. En consecuencia, él ordenó matar a De Pedis. Colaboró con la justicia y obtuvo la protección del Estado hasta 2016. Sigue vivo, por ahora.

Abbruciati, Danilo
Miembro de la Banda de la Magliana, muerto tras intentar asesinar al banquero Roberto Rosone por orden de Pippo Calò.

Alasia, Walter
Miembro de grupos de la izquierda extraparlamentaria, como Lucha Continua (*Lotta Continua*), antes de incorporarse a Brigadas Rojas. En 1976, durante un operativo que pretendía su arresto, Alasia se atrincheró en su casa y abrió fuego. En el tiroteo fallecieron él y dos miembros de la policía. Como homenaje, la columna milanesa de Brigadas Rojas adoptaría el nombre de Walter Alasia. A partir de 1980, dicha columna actuaría de forma autónoma después de ser expulsada de la organización por su falta de disciplina.

Andreotti, Giulio
Político italiano clave en el destino del país durante la segunda mitad del siglo XX. Miembro de la Democracia Cristiana, fue titular de varias carteras ministeriales como la de Hacienda y presidente del Consejo de Ministros

en tres legislaturas. Vinculado a la mafia, a casos de corrupción, a las cloacas del Estado e incluso a muertes como la del periodista Mino Pecorelli, fue procesado en varias ocasiones, condenado en algunas de ellas y absuelto posteriormente por instancias judiciales superiores. En 1990 declaró en sede parlamentaria estar al tanto de la existencia de Gladio, la red de ejércitos *stay behind* de la OTAN.

Berlinguer, Enrico
Político italiano, secretario general del Partido Comunista Italiano desde 1972 hasta su muerte en 1984. Responsable junto a Aldo Moro del llamado compromiso histórico, acuerdo de gobernabilidad entre el PCI y la Democracia Cristiana, destinado a dotar de estabilidad política al país y que no fue del agrado del ala más reaccionaria de la Democracia Cristiana, de los partidos de ultraderecha y de la izquierda extraparlamentaria.

Berlusconi, Silvio
Empresario italiano y presidente del gobierno en tres ocasiones. Miembro de la logia Propaganda Dos.

Bianciardi, Luciano
Escritor, traductor, profesor, editor y bibliotecario, autor de *La vida agria* (*La vita agra*), libro con innumerables detalles autobiográficos publicado por Rizzoli en 1962. La obra, un inteligente análisis de la Italia de los 60, fue llevada al cine por Carlo Lizzani en 1964.

Birindelli, Gino
Marino de carrera, combatió en la Segunda Guerra Mundial, primero junto a Mussolini y, posteriormente, contra él. Al finalizar la contienda siguió vinculado a ese cuerpo del ejército y fue nombrado comandante naval de la OTAN en el sur de Europa. En 1972 se incorporó a la política, fue elegido diputado por el Movimiento Social Italiano (MSI) y, en 1976, participó en la fundación del partido ultraderechista Democracia Nacional. Miembro de la logia Propaganda Dos.

Cagol, Margherita «Mara»
Fundadora de las Brigadas Rojas y pareja sentimental de Renato Curcio. Muerta en 1975 tras un enfrentamiento con la policía, mientras se encontraba vigilando, junto a otro brigadista, al empresario Vallarino Gancia que había sido secuestrado por la organización.

Calabresi, Luigi
Comisario de policía nacido en Roma y destinado a la prefectura de Milán. Bajo su mando fue detenido el anarquista Giuseppe Pinelli, al que se acusó de colocar la bomba de Piazza Fontana. Pinelli falleció durante uno de los interrogatorios al caer desde una de las ventanas de la comisaría. Durante los años siguientes, en las manifestaciones organizadas por la izquierda extraparlamentaria se gritaban consignas como «Calabresi, fascista, eres el primero de la lista». Así fue. En el año 1972, miembros del grupo Lucha Continua (*Lotta Continua*) asesinaron a Calabresi. El

papa Pablo VI lo nombró siervo de Dios y, durante el papado de Juan Pablo II, se inició un proceso de beatificación que, a día de hoy, sigue su curso.

Calò, Giuseppe «Pippo»
Encargado de las finanzas de la mafia siciliana. Se vio afectado por la quiebra del Banco Ambrosiano. Involucrado en la muerte de Roberto Calvi, fue el instigador del intento de asesinato del banquero Roberto Rosone.

Calvi, Roberto
Cuando Dios tuvo que invertir, eligió a Calvi para que le llevase los negocios. Este banquero italiano fue presidente del Banco Ambrosiano y responsable de su quiebra, la cual arrastró consigo los ahorros del Vaticano, de la logia Propaganda Dos y de buena parte de la mafia. Apareció muerto colgando del puente Blackfriars de Londres porque Dios lo quiso así. Miembro de la logia Propaganda Dos.

Capanna, Alberto
Presidente de la *Società Finanziaria Siderurgica*, dependiente del *Istituto per la Ricostruzione Industriale*. Una entidad pública destinada al fomento de la industria. Miembro de la logia Propaganda Dos.

Caradonna, Giulio
Político italiano. Adscrito al partido fascista Movimiento Social Italiano, heredero de la República Social Italiana de Benito Mussolini y de la cual su padre fue uno de los principales dirigentes. Miembro de la logia Propaganda Dos.

Carminati, Massimo
Fascista italiano miembro de los Núcleos Armados Revolucionarios (NAR). Vinculado a la Banda de la Magliana, estuvo relacionado con el asesinato del periodista Carmine *Mino* Pecorelli y con la matanza de la estación de Bolonia.

Chichiarelli, Tony
Falsificador de obras de arte vinculado por igual a los servicios secretos, a la ultraderecha italiana y a la Banda de la Magliana. Se le atribuye la manufactura del comunicado número 7, un falso documento en el que las Brigadas Rojas afirmaban que el cadáver de Aldo Moro yacía en el lago de la Duchessa. El brigadista Mario Moretti sostiene que esa comunicación tenía por objeto tantear el efecto que la muerte de Moro tendría en la opinión pública y las consecuencias políticas que provocaría en el seno de la Democracia Cristiana.

Cosentino, Francesco
Político italiano afiliado a Democracia Cristiana. Llegó a ser secretario general de la Cámara de Diputados y eurodiputado en el Parlamento Europeo. Tuvo una estrecha amistad con personajes como Licio Gelli, Pippo Calò, Giulio Andreotti, y Michele Sindona. Junto a ellos puso en marcha diferentes iniciativas tanto políticas como empresariales. Miembro de la logia Propaganda Dos.

Curcio, Renato
Fundador de la organización armada Brigadas Rojas junto a Mara Cagol, Alberto Franceschini y Mario Moretti. Detenido por la delación de *Frate Mitra (Fraile Metralleta)* junto a Alberto Franceschini. Meses después escaparía de prisión en un operativo ideado por su pareja, Mara Cagol. Tras su segunda detención, permanecerá en la cárcel hasta 1993. En la actualidad dirige la editorial Sensibili alle foglie y el *Progetto memoria*, destinado a estudiar la realidad política italiana de los años 60, 70 y 80.

Cutolo, Raffaele
Fundador y jefe de la Nueva Camorra Organizada, grupo mafioso radicado en Nápoles y especialmente activo a finales de los años 70 y principios de los 80. La influencia y mediación de *Don Raffaè* permitió que las Brigadas Rojas liberasen a Ciro Cirillo, concejal democristiano de la región de Campania. Se cree que la canción *Don Raffaè* de Fabrizio De André está inspirada en su figura, detalle que Cutolo agradeció al genovés en diferentes cartas enviadas desde prisión.

Dalla Chiesa, Carlo Alberto
Veterano de la Segunda Guerra Mundial y miembro de la Resistencia, participó en los comandos que en los años 40 y 50 se enfrentaron a los grupos de bandidos de Sicilia y Nápoles. Vinculado siempre al cuerpo de carabineros, en 1974 creó el Núcleo Especial Antiterrorismo, con sede en Turín y destinado a combatir a las Brigadas Rojas, objetivo que logró con bastante éxito. Como recompensa, fue ascendido y destinado a Palermo. Allí sería asesinado por orden de, entre otros, Totò Riina y Pippo Calò.

Dalla Chiesa, Romolo
General de carabineros y hermano del comisario Carlo Alberto Dalla Chiesa. Formó parte del *Servizio Informazioni Forze Armate* (Servicio de Información de las fuerzas Armadas, SIFAR). Miembro de la logia Propaganda Dos.

De Pedis, Enrico
Uno de los jefes de la Banda de la Magliana. De gustos refinados, consiguió hacerse un hueco entre la alta sociedad italiana y el Vaticano. Vinculado a la desaparición de Emanuela Orlandi, su cuerpo reposa en la basílica de San Apolinar en Roma. Fue asesinado. Como Cristo.

Di Bella, Franco
Periodista italiano de amplia trayectoria. En 1977 fue nombrado director de *Corriere della Sera*, por entonces el periódico más importante de Italia, propiedad de la familia Rizzoli. Durante su etapa en la dirección, este diario sería utilizado en diferentes ocasiones para intoxicar a la opinión pública con informaciones falsas destinadas a desacreditar a los grupos de extrema izquierda o desplegar campañas en favor de empresarios y políticos miembros de la Propaganda Dos, logia de la cual

eran miembros algunas personas de la familia Rizzoli y el propio Di Bella.

Ferracuti, Franco
Profesor universitario, escritor y criminólogo. Entre sus trabajos destacan sus análisis sobre el terrorismo en Italia. Por esta razón, fue llamado a colaborar en la comisión de expertos organizada por el ministro del Interior de la época, Francesco Cossiga, durante el secuestro de Aldo Moro. Su labor era la de interpretar los mensajes ocultos en las cartas de Moro e intentar adivinar las intenciones de las Brigadas Rojas. A pesar de que su trabajo no sirvió de mucho en el caso Moro (o sí, quién sabe), fue incorporado al *Servizio Informazioni per la Sicurezza Democratica* (SISDE). Miembro de la logia Propaganda Dos.

Ferrara, Giuseppe
Realizador cinematográfico italiano que a través de su cooperativa Cine 2000, produjo y dirigió diferentes documentales y cintas de ficción relacionadas con la Propaganda Dos, el escándalo del Banco Ambrosiano, el neofascismo, la influencia de la mafia en la sociedad italiana, el caso Moro, las Brigadas Rojas o los asesinatos de Della Chiesa y del juez Giovanni Falcone.

Finochietti, Jean-Bruno
Uno de los acusados por la masacre del pueblo de Auriol. Junto a él fueron condenados Jean Joseph Maria, Lionel Collard, Angelo Poletti, Didier Campana y Jean-François Massoni. Todos tenían relación con el grupo parapolicial Servicio de Acción Cívica y afirmaron cumplir «órdenes de arriba», aunque nunca dieron más detalles al respecto. Tras cumplir distintas condenas, todos han sido liberados.

Franceschini, Alberto
Miembro fundador de las Brigadas Rojas, detenido tras la delación de *Frate Mitra*. Ha sido muy crítico con la deriva militarista que tomó la organización cuando estuvo bajo la dirección de Mario Moretti, al que llegó a acusar de estar vinculado con servicios secretos del Estado. En el año 1982 renunció a la lucha armada y desde 1992 se encuentra en libertad.

Gelli, Licio
Gran maestro venerable de la logia Propaganda Dos. Ha estado implicado en algunos de los casos más oscuros de la historia Italiana reciente. Murió en 2015 mientras cumplía arresto domiciliario en Villa Wanda, su casa de Arezzo.

Giroto, Silvano
Conocido como *Frate Mitra* (*Fraile Metralleta*). Sacerdote nacido en Turín que habría tenido relación con las luchas revolucionarias de Latinoamérica. A su regreso a Italia, esas credenciales le permitieron entrar en contacto con las Brigadas Rojas, a quienes delató, propiciando la detención de dos de sus miembros más importantes: Renato Curcio y Alberto Franceschini.

Giuseppucci, Franco
Fundador y líder de la Banda de la Magliana junto a Maurizio Abbatino. Afín al fascismo, se encargó de lavar dinero y dar apoyo logístico a Massimo Carminati y otros miembros de los ultraderechistas Núcleos Armados Revolucionarios. Fue asesinado en 1980 en la Piazza San Cosimato, en el barrio romano del Trastévere, a plena luz del día.

Grassini, Giulio
Fue partisano durante la Segunda Guerra Mundial. Al finalizar la contienda fue nombrado director del Servicio de Informaciones y Seguridad Democrática (SISDE). Durante su administración se produjeron, entre otros eventos, la masacre de Bolonia y el secuestro y asesinato de Aldo Moro. Miembro de la logia Propaganda Dos.

Labruna, Antonio
Militar italiano, miembro del Servicio de Informaciones de la Defensa (*Servizio Informazioni Difesa*, SID). Entre otros muchos asuntos turbios, estuvo implicado en la matanza de Piazza Fontana por facilitar la huída de los autores materiales, causa por la que fue condenado en 1987. Miembro de la logia Propaganda Dos.

Lastiri, Raúl Alberto
Político de nacionalidad argentina, emparentado con José López Rega tras contraer matrimonio con su hija, *Normita*. Fue presidente del Congreso argentino y presidente de la República, tras la renuncia de Héctor Cámpora, provocada por el acoso que los grupos de ultraderecha, liderados por López Rega, sometían al gobierno. Miembro de la logia Propaganda Dos.

López Rega, José
Policía, edecán de Juan Domingo Perón, brujo, charlatán, conspirador, suegro de Raúl Lastiri y fundador de la Triple A (Alianza Anticomunista Argentina), grupo de ultraderecha responsable de las muertes y desapariciones de cientos de argentinos. Miembro de la logia Propaganda Dos.

Mancini, Antonio
Miembro de la Banda de la Magliana. Su momento de gloria se produjo el 16 de marzo de 1981 cuando, junto a Marcello Colafigli, tiroteó a Maurizio Proietti y su hermano, responsables del asesinato de Franco Giuseppucci. Un hecho cometido delante de los hijos y esposas de los Proietti y que acabó con un operativo policial televisado en directo por la RAI.

Marcinkus, Paul
Arzobispo nacido en Estados Unidos, responsable del Instituto para las Obras de Religión (IOR), organismo afectado por la quiebra del Banco Ambrosiano. Se le relacionó con la desaparición de Emanuela Orlandi pero nunca fue juzgado por ello.

Massera, Emilio Eduardo
Miembro de la Junta Militar que derrocó el gobierno constitucional de María Estela Martínez de Perón. La Escuela de Mecánica de la Armada, uno de los centros clandestinos de detención más activos y crueles

de la dictadura, operaba bajo su responsabilidad. En 1978 pasó a retiro e intentó iniciar una carrera política para presentarse como candidato en las primeras elecciones democráticas. Fue procesado y condenado por crímenes contra la humanidad. Miembro de la logia Propaganda Dos.

Massie, Jacques
Inspector de policía de la localidad marsellesa de Auriol. También era responsable regional del Servicio de Acción Cívica, grupo parapolicial gaullista financiado durante décadas con fondos reservados del Gabinete del primer ministro francés. Fue asesinado junto a cuatro miembros de su familia y un amigo la noche del 18 al 19 de julio de 1981. El caso, nunca del todo aclarado, implicaba a otros miembros de SAC, el Gobierno francés, la red Gladio y la logia Propaganda Dos.

Miceli, Vito
Militar italiano capturado por los ingleses en la guerra de Abisinia y enviado a un campo de prisioneros por no renunciar a su lealtad a Mussolini. A su regreso a Italia, fue nombrado director del Servicio de Informaciones de la Defensa (SID), estuvo envuelto en la organización Gladio, vinculado al atentado de Piazza Fontana y procesado por ocultar pruebas relacionadas con este atentado, lo que no impidió que fuera elegido diputado por el Movimiento Social Italiano. Miembro de la logia Propaganda Dos.

Montagna, Ugo
Miembro de la alta sociedad siciliana, marqués de San Bartolomé, Caballero del Santo Sepulcro y propietario de una finca a las afueras de Roma donde se realizaban fiestas en las que no faltaban el alcohol, los estupefacientes y el sexo. Vinculado a redes de contrabando, narcotráfico y prostitución, sus buenas relaciones con los oficiales mussolinianos primero, con los nazis después, y finalmente con los aliados, impidieron que tuviera problemas con la justicia. Sin embargo, la muerte de Wilma Montesi en una de esas fiestas hizo que fuera detenido y procesado junto a Piero Piccioni, hijo del ministro de Asuntos Exteriores. Después de un mediático e irregular proceso, fue absuelto de todos los cargos.

Moretti, Mario
Fundador de las Brigadas Rojas y jefe de la organización tras el encarcelamiento de Renato Curcio y Alberto Franceschini. Procedente de la militancia obrera en las fábricas, su estrategia era más militarista y violenta que política. Fue el encargado del secuestro de Aldo Moro y de su ejecución. Arrestado en 1981, tras cumplir parte de su condena, se encuentra en libertad condicional desde 1994.

Moro, Aldo
Primer ministro italiano en dos ocasiones y presidente de la Democracia Cristiana en el momento de ser secuestrado por las Brigadas Rojas. El 9 de mayo del año 1978,

transcurridos más de cincuenta días de cautiverio y después de fracasar las negociaciones, fue asesinado. Su muerte puso fin al llamado compromiso histórico adquirido con el líder del PCI, Enrico Berlinguer, y fortaleció al ala más dura y corrupta de la Democracia Cristiana.

Musumeci, Pietro
General del Servicio de Información y Seguridad Militar (SISMI) cuando se produjo la masacre de la estación de Bolonia. Relacionado con Massimo Carminati y los Núcleos Armados Revolucionarios (NAR), fue procesado por ocultar información e interferir en las investigaciones destinadas a aclarar el atentado boloñés. Miembro de la logia Propaganda Dos.

Orsello, Giampiero
Abogado, profesor universitario, escritor y periodista. Fue nombrado vicepresidente de la RAI, la radio y televisión estatal italiana, cargo que desempeñó durante los años 1975 a 1986. Miembro de la logia Propaganda Dos.

Ortolani, Umberto
Abogado, administrador delegado de la empresa de motocicletas Ducati, presidente de la agencia de noticias Italia y representante de la federación de prensa italiana en el extranjero, entre otros cargos de responsabilidad. Fue la mano derecha de Licio Gelli en la logia Propaganda Dos y colaboró activamente en implantar esa organización secreta en Sudamérica. También logró extender su influencia en el Vaticano. Para ello se sirvió de sus buenas relaciones con Pablo VI –que llegó a nombrarlo *gentiluomo di Sua Santità* (algo así como el amigo favorito del papa)– y con el Instituto para las Obras de Religión (IOR) de monseñor Marcinkus. Fue condenado a doce años de prisión por la quiebra fraudulenta del Banco Ambrosiano, pero absuelto de complot contra el Estado. Miembro de la logia Propaganda Dos.

Pecorelli, Carmine
Periodista italiano asesinado en Roma el 20 de marzo de 1979 a las puertas de *Osservatorio Politico* (OP), semanario del que era director y fundador. Sus fuentes, entre las que estaban Vito Miceli y Romolo Dalla Chiesa, le permitían publicar informaciones a las que nadie tenía acceso. Por ejemplo, documentos sobre la logia Propaganda Dos de Licio Gelli, sobre las relaciones entre la mafia y la política italiana, o datos sobre el caso Moro. Estas últimas informaciones, que habrían puesto en serias dificultades a Giulio Andreotti, no llegó a publicarlas.

Piccioni, Attilio
Político italiano vinculado a la Democracia Cristiana. Llegó a desempeñar importantes cargos públicos en diferentes gobiernos. En 1954, se vio obligado a renunciar a la cartera de Asuntos Exteriores después de que se descubriera que su hijo estaba implicado en el asesinato de Wilma Montesi. Este escándalo fue utilizado por su

oponente en Democracia Cristiana, Giulio Andreotti, para restarle poder en el partido. A pesar de esa caída en desgracia, Piccioni continuó teniendo diferentes cargos políticos, como la jefatura de la delegación italiana en Naciones Unidas o el Ministerio de Asuntos Exteriores, cargo en el que ya tenía experiencia.

Piccioni, Piero
Pianista, organista, director de orquesta y compositor de numerosas bandas sonoras para películas. Hijo del político Attilio Piccioni, y novio de la actriz Alida Valli, estuvo implicado en el asesinato de Wilma Montesi. Este turbio asunto, que sacudió a la sociedad italiana de mediados de los cincuenta, fue objeto de un proceso judicial lleno de irregularidades, el cual se resolvió con la absolución de Piccioni y sus cómplices. Hasta el día de hoy, no se ha podido determinar quién asesinó a Wilma Montesi.

Pinelli, Giuseppe
Ferroviario y anarquista milanés acusado falsamente, junto a Pietro Valpreda, de ser el responsable de la colocación en 1969 de la bomba en el Banco Nacional de la Agricultura (*Banca Nazionale dell'Agricoltura*) de la Piazza Fontana de Milán. Durante un interrogatorio, Pinelli cayó por la ventana de la comisaría y murió. Las investigaciones de la policía dictaminaron que se trató de un accidente y todos los procesados fueron absueltos por la justicia. El hecho inspiró la obra de Dario Fo *Muerte accidental de un anarquista*.

Poggiolini, Duilio
Licenciado en medicina, tuvo una brillante carrera como profesor e investigador antes de dedicarse a la función pública. Como funcionario, fue inspector del Ministerio de Sanidad y, posteriormente, representante de Italia ante la Organización Mundial de la Salud (OMS). Implicado en la trama Tangentopoli, tal vez el escándalo de corrupción más importante de la Italia contemporánea. Miembro de la logia Propaganda Dos.

Rizzoli, Angelo
Empresario, productor de cine, editor e hijo de Andrea Rizzoli, fundador de Rizzoli, grupo editorial propietario del *Corriere della Sera*, el diario más importante de Italia en los años 70. Un importante número de acciones de este diario acabaría en manos del Banco Ambrosiano, Roberto Calvi, Licio Gelli y otros miembros de la Propaganda Dos, logia de la que eran miembros, además de Angelo Rizzoli, el director general del grupo empresarial, Bruno Tassan Din, y el director del *Corriere della Sera*, Franco Di Bella.

Roberto Rosone
De familia humilde, entró como empleado en el Banco Ambrosiano en los años 40. Tres décadas después, acabó siendo vicepresidente de la entidad a las órdenes de Roberto Calvi. Cuando estalló el escándalo del Banco Ambrosiano, fue ascendido a la presidencia. Desde ese nuevo puesto acabó con los abusos de la administración Calvi, al que denegó

diferentes operaciones financieras de extraña justificación y cuyo objetivo no era reflotar el banco sino resarcir a algunos de los afectados por la quiebra de la entidad. Entre ellos se encontraban miembros de la mafia, la Cosa Nostra y el Vaticano. Pippo Calò decidió vengarse de Rosone recurriendo a la ayuda de Danilo Abbuciati, de la Banda de la Magliana. El banquero fue tiroteado a la salida de su casa de Milán pero salvó la vida. Abbruciati, por contra, murió tras ser alcanzado por los disparos de uno de los guardaespaldas de Rosone.

Rossa, Guido
Sindicalista vinculado al Partido Comunista. Tras el asesinato de Moro, el PCI pidió a sus militantes que denunciaran toda actividad relacionada con las Brigadas Rojas que detectasen en sus centros de trabajo. Rossa denunció a Francesco Berardi por distribuir propaganda brigadista en la empresa Italsider. El 24 de enero del 79, un comando de Brigadas Rojas asesinó a Rossa cuando se dirigía a su puesto de trabajo. El asesinato de Rossa fue considerado una contradicción por muchos de los miembros y simpatizantes de Brigadas Rojas, que comenzaron a desligarse de la organización.

Rossi, Mario
Líder del grupo armado XXII Octubre, fundado en 1969. En 1971, durante un atraco para autofinanciarse, se vio implicado en el asesinato de Alessandro Floris, trabajador del Instituto Autónomo de Casas Populares (*Istituto Autonomo Case Popolari*), institución dedicada a la construcción de viviendas sociales. Juzgado y declarado culpable, pasó tres décadas en prisión. Tras ser liberado, retomó su profesión de toda la vida: la taxidermia.

Santovito, Giuseppe
Militar de carrera que combatió en el frente africano durante la Segunda Guerra Mundial. Al finalizar el conflicto y tras ser liberado por los aliados, formó parte de las tropas desplegadas en Somalia por la ONU. En 1978 fue nombrado director del Servicio de Informaciones para la Seguridad Militar (SISMI), cargo en el que permanecería hasta 1981. Su mandato coincidió con la masacre de la estación de Bolonia y el secuestro y asesinato de Aldo Moro. Miembro de la logia Propaganda Dos.

Selis, Nicolino
Miembro de la Banda de la Magliana. Era el nexo con la camorra napolitana de Pippo Calò. Fue asesinado por sus compañeros debido a sus ambiciones de poder.

Simioni, Corrado
Vinculado a los grupos de izquierda revolucionaria italianos, participó de las conversaciones que derivaron en la creación de las Brigadas Rojas. Su extraño actuar hizo que los brigadistas prefirieran mantenerle al margen de sus planes. Eso no impidió que montase su propia

organización armada: Superclan. En 1976 abandonó Italia y se radicó en Francia, país donde fundó la Escuela de Idiomas Hyperion, oscuro centro desde el cual se han organizado o apoyado diferentes movimientos de terrorismo internacional.

Sindona, Michele
Banquero italiano estrechamente vinculado con la mafia de Estados Unidos. Sus buenas relaciones con el cardenal Giovanni Battisti Montini, más conocido como Pablo VI, le permitieron realizar importantes negocios con el Vaticano a través del Instituto para las Obras de Religión, conocido popularmente como el Banco Vaticano. Amigo de Roberto Calvi, juntos pusieron en marcha las operaciones financieras que posteriormente harían quebrar al Banco Ambrosiano. Murió envenenado en prisión. Miembro de la logia Propaganda Dos.

Sofri, Adriano
Miembro de Lucha Continua (*Lotta Continua*) y director de su órgano de difusión del mismo nombre. En el número del 1 de octubre de 1970, *Lucha Continua* publicó un artículo en el que se decía «Calabresi es responsable del asesinato de Pinelli y Calabresi deberá pagarlo caro». En su número del 18 de mayo de 1972, *Lotta Continua* titulaba: «Muerto Calabresi, el principal responsable del asesinato de Pinelli». En 1988, dos militantes de Lucha Continua señalaron a Adriano Sofri y a Giorgio Pietrostefani como instigadores del asesinato del comisario. Sofri, que siempre se declaró inocente de los cargos, fue detenido, encarcelado y condenado a 22 años de prisión.

Stammati, Gaetano
Abogado, profesor universitario, funcionario público y presidente de la *Banca Commerciale Italiana*. Era simpatizante de la Democracia Cristiana. Nunca llegó a afiliarse al partido aunque, como independiente, desempeñó, entre otros cargos, el de ministro de Comercio Exterior, el de ministro de Hacienda y ministro de Obras Públicas en varios gobiernos de Andreotti. Miembro de la logia Propaganda Dos.

Tassan Din, Bruno
Economista y empresario italiano que, desde muy joven, despuntó en el mundo de las finanzas. Entre los diferentes cargos que desempeñó en su vida estaba el de presidente del grupo editor del *Corriere della Sera*, por entonces, una de las empresas mediáticas más importantes de país. Implicado en el caso del Banco Ambrosiano, fue procesado y condenado a varios años de prisión. Miembro de la logia Propaganda Dos.

Torrisi, Giovanni
Jefe del Estado Mayor de la Marina de 1977 a 1980, año en que fue nombrado jefe del Estado Mayor de la Defensa. Estuvo implicado en el Golpe Borghese o Tora Tora, intento de golpe de Estado urdido en 1970 y que no llegó a realizarse. Miembro de la logia Propaganda Dos.

Valpreda, Pietro
Escritor, actor, bailarín y militante anarquista. Fue acusado falsamente de participar en el atentado de Piazza Fontana de Milán. Pasó tres años en prisión preventiva. En 1979, cuando las investigaciones ya apuntaban a los grupos de ultraderecha como autores de la masacre, fue condenado a cuatro años de reclusión por asociación subversiva. En 1987, después de diversos procesos y apelaciones, fue absuelto de todos los cargos. Falleció en Milán en 2002.

Vannacci, Wanda
Esposa de Licio Gelli. Se conocieron muy jóvenes en Pistoia, lugar del que ambos eran originarios. Se casaron en diciembre 1944 y permanecieron juntos hasta la muerte de ella en 1993. La justicia nunca pudo probar que estuviera implicada en las actividades delictivas de su esposo. La única vez que fue procesada fue por colaborar en la fuga de Gelli de la prisión de Champ-Dollon en Ginebra, cargos de los que fue absuelta. Villa Wanda, la mansión de Arezzo de la familia, se llama así en su honor.

Vinciguerra, Vincenzo
Fascista italiano miembro del grupo Vanguardia Nacional (*Avanguardia Nazionale*) y vinculado con los servicios secretos de ese país. Estuvo implicado en el atentado contra tres policías ocurrido en Peteano en 1972, hecho relacionado con la red de ejércitos secretos Gladio. En 1980 también participó en la masacre de la estación de Bolonia.

Antes de acabar
(Llegando hasta el final)

La historia de la segunda mitad del siglo XX pasa, de una u otra manera, por Villa Wanda. En sus jardines se han cerrado negocios. En sus salones se han urdido complots. En su buzón se han recibido invitaciones para asistir a las fiestas más exclusivas. Desde sus teléfonos se han ordenado venganzas y ajustes de cuentas.

Sin embargo, *Villa Wanda* no es más que la llave que abre las verjas de otras villas, las puertas de otros jardines, los salones de otros palacios. Una llave que da acceso a esos otros despachos sobre cuyas mesas descansan nuevas cartas y ese teléfono desde el cual realizar la llamada ineludible. Que cada uno elija, si es su gusto, cuál de todas esas opciones desea explorar. Que cada quien profundice hasta donde le alcance el interés. Las posibilidades son casi infinitas. La complejidad también.

En esta *Villa Wanda* cupieron algunas cosas. Otras se quedaron fuera. Las razones, variadas.

Silvano Girotto, *Frate Mitra* (*Fraile Metralleta*), desarrolla en la actualidad labores de misionero en Etiopía. Nunca respondió a los mensajes que se le hicieron llegar a través de diferentes canales.

Víctor Basterra escuchó la propuesta para participar en esta publicación. Tras un cordial intercambio de mensajes, cuando fue informado de que su testimonio versaría sobre su paso por la ESMA y su labor de falsificación de pasaportes para Licio Gelli, no volvió a responder.

Renato Curcio declinó amablemente colaborar con este proyecto. Desde su editorial Sensibili alle foglie, a través de la cual ha publicado el *Progetto memoria*, sobre las luchas sindicales y la guerrilla en Italia, agradeció la propuesta pero dijo que «en este momento no tengo intención de volver sobre aquellos años. Los he vivido, pero ni soy historiador ni me ha convencido nunca la nostalgia. Mis mejores deseos para su trabajo. Un cordial saludo».

Paolo Sorrentino, realizador de la película *Il Divo*, no contestó a los correos electrónicos que se le hicieron llegar a través de varias productoras cinematográficas. En esas fechas se encontraba en pleno rodaje de *The Young Pope*. Su testimonio sobre la figura de Giulio Andreotti hubiera sido muy interesante.

Dario Fo aceptó responder a unas preguntas referentes a *Muerte accidental de un anarquista*, obra basada en el fallecimiento de Giuseppe Pinelli en una comisaría de Milán tras haber sido implicado en el atentado de Piazza Fontana. Después de pedir disculpas por el retraso en devolver un primer cuestionario enviado por correo electrónico, el 12 de octubre de 2016, los asistentes del señor Fo hicieron llegar el siguiente mensaje: «Discúlpenos por el retraso en responder. Lamentablemente las condiciones de salud del Maestro no le permiten ponerse con ello en este momento. Se está sometiendo a una serie de pruebas y los próximos días deberá permanecer ingresado en el hospital. Muchas gracias por su comprensión». Al día siguiente, Dario Fo fallecía en Milán.

El 18 de octubre, «la famiglia, i collaboratori, la Compagnia Teatrale Fo Rame» emitieron un comunicado en el que agradecían las muestras de apoyo recibidas tras la muerte del escritor y recordaban la figura y la obra de Dario Fo. En él hacían mención a un consejo que el escritor le dio hace tiempo a su hijo Jacopo: «Fai quel che vuoi».

Pocas frases definen mejor la filosofía de *Villa Wanda* como proyecto y mi ánimo al emprenderlo. *Fai quel che vuoi. Haz lo que quieras. Do what thou wilt.* Esa es la única ley.

Eduardo Bravo

Diciembre, 2015 - Febrero, 2017 - Octubre, 2019.

AGRADECIMIENTOS:
Al profesor Carlos Pestelli que me puso en contacto con Fausto Amodei. A Fausto Amodei por su generosidad al compartir sus recuerdos. A Daniele Ganser por hacer un hueco en el proceso de escritura de su nuevo libro para explicar algunos detalles sobre Gladio. A Gabriella Alcatraz por animarme a contactar con Dario Fo. Al entorno y los asistentes de Dario Fo por su amabilidad y ayuda. A Dario Fo por tantas cosas. A Matteo Re por sus inteligentes trabajos sobre la Italia de la segunda mitad del siglo XX y la amena charla en una sofocante tarde de verano madrileño. A Renato Curcio por responder. A la editorial ExCogita di Luciana Bianciardi, a la Fundación Luciano Bianciardi y muy especialmente a Alvaro Bertani por sus explicaciones sobre *La vida agria* y su autor. Al *Signor Giallo* por los buenos ratos. A mis padres. A mi hermano. A Isabel Campal Tausk por ser la razón que me llevó a Roma, entre muchas otras. A Neko e Inu. A Roger, Betty, Roger Jr. y Celia. A Mauro Entrialgo por considerar que un trabajo de historia y subterráneo como este podía resultar interesante. A Adriana Herreros por la comprensión y el apoyo cuando se desencadenó la tempestad. A César Sánchez por descubrirme a Fabrizio De André. A mi psicoanalista por ayudarme a entender la importancia de *Villa Wanda*. A Aníbal Hernández por aceptar diseñar *Villa Wanda*, por tener tanta paciencia y por hacerlo tan bien. A Juan Lasalle, David Molina y Nono K. por Autsaider Cómics, por su División Sesuda y por su cariño. A Ata por el retrato de Licio Gelli y su ayuda en todo este proyecto. A Óscar Palmer por todo su saber a la hora de editar buenos libros. A Alberto Mate, Almudena, Cecilia, Nora y Marcel Mihok por darme mucho más de lo que me hubiera atrevido a pedirles. A Angélica Vaca Narvaja, a Dolores y Paula por todo lo demás, muy especialmente por gritar y correr por el pasillo mientras se escribía *Villa Wanda*. A Sabino, la incoporación más destacada de esta nueva edición. A los lectores. A usted.

La segunda edición de *Villa Wanda*
salió de imprenta el 23 de septiembre
de 2019, fecha del cumpleaños
de Aldo Moro (1916)
y Renato Curcio (1941).
Ya es coincidencia, la verdad.

Primera edición, febrero 2017.
Segunda edición, corregida y ligeramente ampliada, octubre 2019.

Apartado 155, Sineu 07510, Islas Baleares, España.
Corrección: Angélica Vaca Narvaja.
Imprime: Kadmos.
Diseño: Aníbal Hernández.
www.anibalhernandez.es

ISBN: 978-84-944464-8-1.
Depósito Legal: PM 175-2017

Los primeros 200 ejemplares de la primera edición de *Villa Wanda* se acompañaron de una postal sonora con el tema *Le tre bandiere* (popular). Producida por Músicas de cámara y La fantástica banda para *Villa Wanda*. Interpretada por Alberto Mate (voz, guitarras y percusiones), Marcel Mihok (contrabajo) y Cecilia, Nora y Almudena (coros). www.musicasdecamara.com · www.lafantasticabanda.com

Los primeros 200 ejemplares de esta segunda edición de *Villa Wanda* se acompañan de un diagrama/cartel diseñado por Aníbal Hernández en el que se detallan las conexiones entre los diferentes personajes que han pasado por esta entrañable casa de Arezzo, aunque solo sea por delante de la puerta.